The Big
Fish
Experience

声动人心

三步助你成为演讲高手

［美］肯尼·阮（Kenny Nguyen）格斯·穆里洛（Gus Murillo）
罗伯特·基利恩（Robert Killeen）卢克·琼斯（Luke Jones）／著

黄珏苹／译

中信出版集团｜北京

图书在版编目（CIP）数据

声动人心：三步助你成为演讲高手 /（美）肯尼·
阮等著；黄珏苹译 . -- 北京：中信出版社，2020.9
书名原文：The Big Fish Experience: Create
Memorable Presentations That Reel In Your Audience
ISBN 978-7-5217-2086-0

Ⅰ . ①声… Ⅱ . ①肯… ②黄… Ⅲ . ①演讲—语言艺
术 Ⅳ . ① H019

中国版本图书馆 CIP 数据核字（2020）第 159794 号

声动人心 ——三步助你成为演讲高手

著　者：[美] 肯尼·阮（Kenny Nguyen）[美] 格斯·穆里洛（Gus Murillo）
　　　　[美] 罗伯特·基利恩（Robert Killeen）[美] 卢克·琼斯（Luke Jones）
译　者：黄珏苹
出版发行：中信出版集团股份有限公司
　　　　（北京市朝阳区惠新东街甲 4 号富盛大厦 2 座　邮编　100029）
承 印 者：中国电影出版社印刷厂

开　本：787mm×1092mm　1/16　　印　张：17　　字　数：197 千字
版　次：2020 年 9 月第 1 版　　　　印　次：2020 年 9 月第 1 次印刷
京权图字：01-2017-2806
书　号：ISBN 978-7-5217-2086-0
定　价：68.00 元

推荐语

无论如今你处于什么水平，这本书都能帮助你提升，为你的听众提供他们梦寐以求的体验。

戴夫·克彭（Dave Kerpen），《纽约时报》畅销书《人的艺术》（*The Art of People*）作者兼国际演讲者

在今天高风险的商业世界中，一次演讲就是一个成败攸关的机会。无论你是在为数百万美元的推广宣传做准备，还是想成为一流的演说家，这本书都能为你提供明智可行的建议，帮助每一位演讲者达到演讲水平的新高度。

布里塔尼·霍达克（Brittany Hodak），ZinePak 公司联合创始人兼《创智赢家》（*Shark Tank*）节目获胜者

这本书将帮助企业家和那些有伟大观点的人以前所未有的生动而吸引人的方式讲述他们的故事。对于在苦苦寻找资源、工具和想法，想要影响听众的演讲者来说，我强烈推荐这本书。

斯科特·戈伯（Scott Gerber），YEC 创始人兼《绝不要得到"真正"的工作》（*Never Get a "Real" Job*）作者

做一个企业家意味着我常常需要获得员工、顾问、投资者和客户的支持，与他们分享我的愿景。我知道在几百人面前演讲需要的不只是信心。演讲者必须有计划，计划如何形成他们要传递的信息，如何以吸引人的方式分享它，如何使用工具呈现生动的要素以支持他们的论点。肯尼、

格斯、罗伯特和卢克在这本书中将带你经历整个过程，从计划、创造到发表演讲，这些演讲会带给听众信息，使他们受到鼓舞。

戴维·哈塞尔（David Hassell），
15Five 公司首席执行官

这本书会使演讲者重新设想在这个充斥 PPT 的世界里，演讲应该是怎样的。

哈维尔·法尔范（Javier Farfan），
威瑞森通信公司（Verizon）
细分市场与文化营销副总裁

杰出的演讲者并没有什么魔法，他们只是有同理心，非常体贴听众，而且付出了很多努力。什么使得杰出的演讲者不同于平庸的演讲者？这本书对此进行了完美的注释。

肖恩·布兰达（Sean Blanda），
99u 智库总监兼主编

大鱼演讲公司可以为任何使用者提供个性化的演讲风格指导，其中包括能够提升演讲体验的简单而实用的提示和技巧。

史蒂芬·伯恩斯（Stephen Burns），
金佰利公司
（Kimberly-Clark Corporation）
全球航天与航空事业部总监

这绝对是市场中比较有用、有可操作性的公共演讲类图书之一。书中的建议真实可信，无论你是新手还是老手，它都能帮助你提升技能，使你从容地驾驭讲台。

萨拉·贝德里克（Sarah Bedrick），
HubSpot 公司认证计划负责人

通过这本书，你将学会如何从一个演讲者转变为真正会讲故事的人。

安德烈斯·特斯拉维那
（Andres Traslavina），
全食品超市公司（Whole Foods Market）全球招聘经理

每个人在做下一次重要的宣传之前都应该读一读这本书。

蒂姆·威廉姆森（Tim Williamson），
创意村落公司（Idea Village）
首席执行官

释放你内在的 TED 演讲。

乔希·科佩尔（Josh Koppel），
Scrollmotion 公司创始人

就像这本书的作者们一样，书里的内容大胆前卫、鼓舞人心、充满吸引力。如果你的演讲曾经枯燥乏味（谁没做过这样的演讲），那么这本书会指给你更好的方法。在这里你可以获得将乏味透顶变为令人兴奋所需的工具和鼓励。为了你的听众，为了你自己，你应该读一读这本书。

艾米·史蒂文斯（Amy Stevens），
潮汐地健康公司（Tidelands
Health）营销与传播助理副总裁

这本书为在公司演讲中提高讲故事的能力提供了条理分明且有效的路线图。

斯科特·科力尼翁
（Scott Collignon），
坎贝拉公司（Cabela's）
供应链运营部门高级总监

这本书无疑是演讲的入门书。通过本书你将学会如何为听众创造出难忘的体验。

弗兰克·马里诺（Frank Marino），
大气能源公司（Atmos Energy）
营销副总裁

如今的广告业竞争激烈，因此我们的销售团队必须能做出媒体代表同行中最棒的展示。大鱼演讲公司为设计有效、有影响力的展示提供了实用而有见地的建议。设计团队和任何想做出卓越展示的人都应该读一读这本书。

门迪·罗宾逊（Mendi Robinson），
拉玛广告公司（Lamar
Advertising Company）创意总监

这本书深入探究了杰出演讲

的每一个重要部分。最棒的是，它的可读性很强，包含大量真实的案例。

钱达·利里-顾图（Chanda D. Leary-Coutu），Wellpet 宠物食品公司营销传播高级经理

我真希望在开始我的演讲职业生涯之前能读到这本书。这本书全面有趣，充满了引人入胜的故事，它将有效演讲的概念与发表演讲联系起来，无论对演讲新手还是演讲专家来说，它都是理想的读本。

迪玛·加维（Dima Ghawi），TED 演讲人兼 Breaking Vases 公司创始人

如果你认为在演讲中对自己的挑战不够，那么读一读这本书。

杰瑞米·多诺万（Jeremey Donovan），畅销书《TED 演讲的秘密：18 分钟改变世界》（*How to Deliver a TED Talk*）和《演讲者，领导者，演讲冠军》（*Speaker, Leader, Champion*）作者

大鱼演讲公司背后的团队懂得如何发表令人印象深刻的演讲。他们演讲的基本原理就像顶级厨师做菜一样，你需要非常好的原料（内容）、完美无缺的技术（设计）和呈现方式（动人的演讲）。你的听众将享受到一场盛宴，这会颠覆你的演讲世界。

索尼娅·阿里森（Sonia Arrison），《长命百岁》（*100 Plus*）作者

我们的故事

2011 年 1 月，我们（肯尼·阮、格斯·穆里洛）听到了有生以来最枯燥无趣的演讲，那是一家《财富》世界 500 强公司的高管在学生组织大会上的演讲。我们痛苦地坐在那里，面对着几百张只有文字的幻灯片。当时我们产生了一个疯狂的念头，创建一家消除世界上乏味演讲的公司。

于是大鱼演讲公司诞生了。我们从帮助小客户——"小鱼"入手，让它们在广阔的竞争海洋中表现得像大鱼一样。

如今，大鱼演讲公司已经成为一家领先的视觉与视频生产公司，我们的客户有创业公司，也有《财富》世界 500 强企业。我们帮助公司以创新的方式呈现自己，同时注重设计、沟通和有效的演讲。无论是设计高品质的幻灯片，为价值 20 亿美元的广告宣传活动培训企业家，还是为公司制作 30 秒钟的视频宣传片，大鱼演讲公司都努力将每次展示转化为美妙的受众体验。

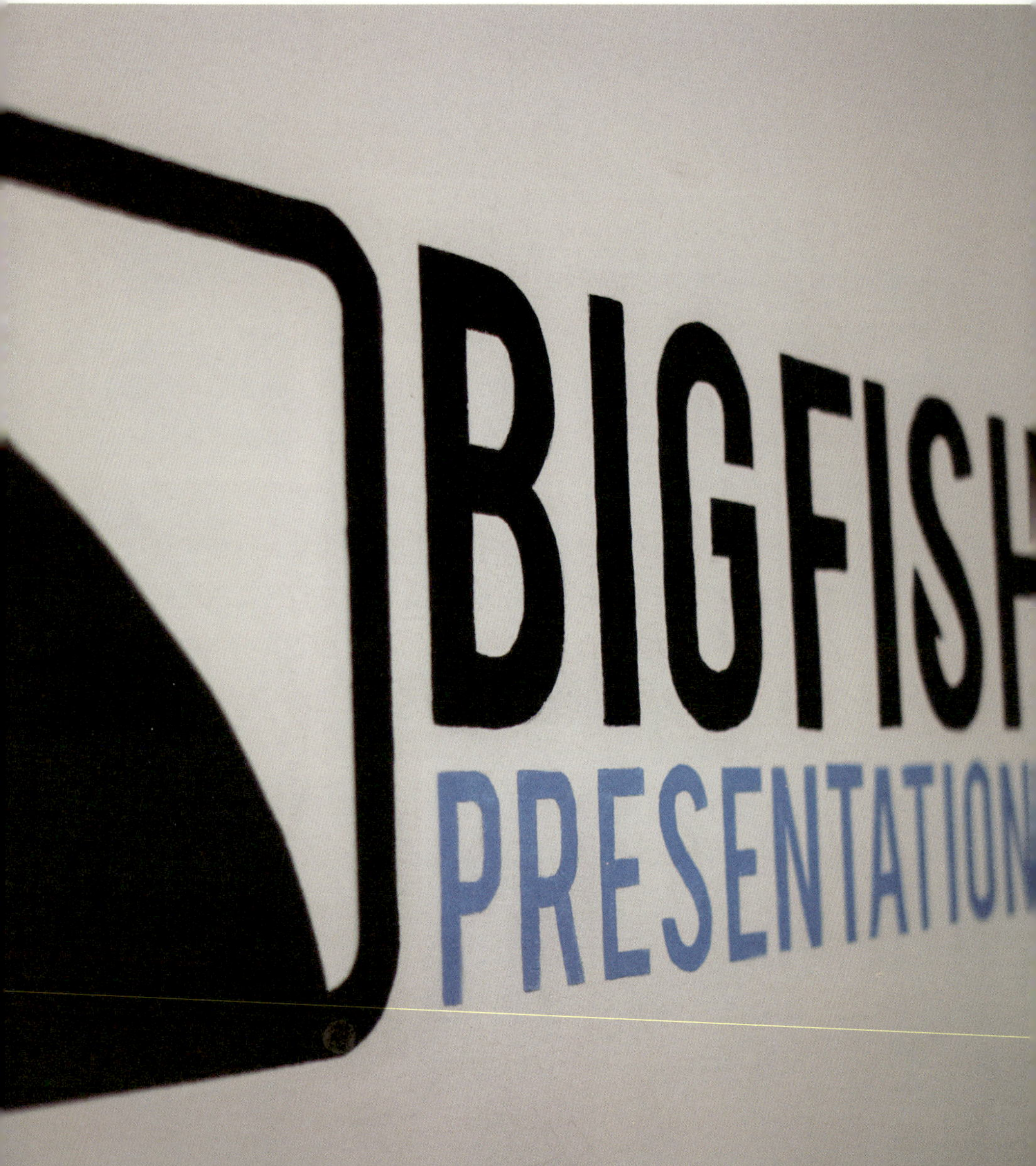
BIGFISH
PRESENTATION

本书的使用说明

为了帮助你充分利用时间，以下提供了一些建议，它们将有助于你从这本书中获益更多。

把你的目标写出来

写出成为更好的演讲者之后，你希望实现的 10 个演讲目标。为什么是 10 个？因为我们喜欢把事情简单化，目标太多会把你压垮，目标太少又不够有挑战性。我们想让你成为你能够成为的最好的演讲者。为了帮助你实现目标，我们会在每章的结尾提出基于该章内容的"挑战"。关键在于要和可信赖的朋友、家人、同事分享这些目标，让他们监督你实现目标。我们知道每个人的演讲水平各不相同，因此我们提出了分层的挑战，这样即使是最好的演讲者也不得不离开他们的舒适区。

以下是一些目标的示例：

1. 下次演讲时不用 PPT（演示文稿软件）。
2. 下次演讲时不用提示卡片。
3. 下次演讲时，每张幻灯片上的词语不超过 10 个。

如果你实现了所有的目标，请发邮件给我们。

如果你觉得已经知道某章的内容了，那么就跳过去，别担心

这本书是写给各个水平的演讲者的，这就是为什么我们在每章的开篇会先概括全章的内容。这样，如果你对某个主题已经很熟悉了，那么可以挑战自己，阅

读后面的部分。

时间紧迫的读者为了快速了解本书的内容，可以查看书后面的"附加资源"，其中列出了每章的关键点。虽然我们建议阅读整本书，但在你准备演讲时，这些关键点会很好用，有助于你提醒自己遗漏了什么或需要改进什么。

注意中间有个 K 的救生圈图标

每次出现中间有个 K 的救生圈图标时，你会看到肯尼对主题演讲和培训的个人建议。

经常练习你读到的内容

只是阅读这本书并不能使你成为优秀的演讲者，你必须练习。安排和同事、老板、教授、朋友或家人的练习时间，尝试你新学到的技巧。良好的沟通也需要练习。要想让这本书改变你的人生，秘诀就在于不断练习，使各种技巧习惯成自然，这样你就可以把注意力放在改善其他的演讲方法上了。

不要害怕尝试新事物

演讲在不断发展变化，书中有些内容可能没有引起你的共鸣，那没关系，保持开放的心态，为了成为更好的演讲者，你必须愿意尝试新事物。大胆一些，听众会因此而尊重你。

不断学习

如果你发现一些演讲者在使用创新的演讲方法，而我们的书中没有提及，你希望我们把它写在我们的博客里，请给我们发邮件，我们很乐意看到你的反馈。

目录

第 1 章

DESIGN CONTENT

大鱼演讲法

DELIVERY

什么决定了体验

计划一点儿不重要，但做计划很重要。

——丘吉尔

当听到"体验"这个词时，你脑子里会出现什么？让人喊得撕心裂肺的演唱会？球迷为自己支持的球队呐喊助威的比赛？还是像太阳马戏团这类团体的演出？

所有这些显然都应该被算作体验，因为它们提供的不只是音乐、体育和娱乐，而且它们令人难忘，人们热爱它们，会在心里重温那些场景。你是否认为一场演讲也可以成为一次体验？

我们通常不会把演讲和演唱会或球赛的兴奋点联系起来。即使演讲被看成是一种体验，那也可能是糟糕的体验。你很少听到

有人用"难忘的"或"令人激动的"这类词汇来形容一场演讲，通常这些词只会用来形容苹果公司的产品发布会或 TED 演讲。能够提供极棒的体验的伟大演讲者大约只占所有演讲者的 1%，那么剩下的 99% 是怎样的？

这些演讲者存在三个主要问题：第一，他们太依赖软件，而不是与听众建立起信任；第二，他们对如今听众的注意力持续时间没有充分的准备；第三，演讲者没有花时间了解听众真正想要什么。

结果怎样？听众对糟糕的演

讲变得麻木了，好的演讲反倒让他们大吃一惊。

大鱼演讲公司希望你加入那1%的演讲者行列，我们的目标是不断提高你们的演讲水平。

在下一部分中你将看到我们久经考验的打造杰出演讲的三步法。学习并运用这个方法，是让听众相信你的第一步。

太阳马戏团

"奇幻之旅" 2011

Randy Miramontez/Shutterstock.com

我们的方法

吸引人的内容+令人难忘而简单
的视觉资料设计+
有影响力的演讲=难忘的体验

　　虽然这看起来简单，但我们
花费了几年时间才形成并完善了
这种复杂的方法。这本书的结构
安排模仿的是我们从头开始设计
一场演讲时的思考过程：从确定
概念开始，到纳入视觉资料，最
后是强有力的执行。可以遵循的
清晰的步骤会使整个演讲体验更
令人愉快和难忘。

　　正如以上的等式显示的，这
是由 3 个步骤组成的方法：

1. **吸引人的内容**：吸引人的内容
能够为演讲提供基础和行动的
号令。在演讲世界中，内容为
王。把你的功夫集中在设计最
吸引人的故事和使听众愿意为
你宣传的事情投资的愿景上，
你需要他们理解你传递的信
息，并相信它。

2. **令人难忘而简单的视觉资料设
计**：如果内容是演讲之王，那
么设计就是王后。当确定了令
人信服的基础和愿景之后，做
出漂亮的幻灯片会变得更容
易。思考一下演讲美学以及你
的设计如何与听众相关，把关

注点放在听众的情感和理性的关系上，而不只是考虑如何把幻灯片做得好看。设计会对思想产生影响。

3. **有影响力的演讲**：这是呈现信息的最后一步，它能创造改变。有说服力的身体语言、自信的态度和与听众的互动是关键。设计得很好的演讲当然重要，但无法替代最重要的区分因素：你。人们总是能更好地记住演讲者，而不是演讲本身。演讲者能够创造不同，他们具有说服的力量。

　　这本书会详细地告诉你如何掌握每一步。在深入学习我们的方法之前，我们想介绍10条戒律。

肯尼的建议

　　在创立公司之前，我接受过几年的厨师培训，在学习如何制作出让叔叔餐厅里的主顾们大为赞叹的菜式期间，我发现了制作精美大餐的要素：好原料、无懈可击的厨艺和精美的摆盘。

　　演讲和制作精美大餐很类似：

好原料＝好内容。

无懈可击的厨艺＝高品质的设计。

精美的摆盘＝强有力的演讲。

　　虽然好的演讲和精美大餐都需要适当的氛围，但如果执行得有效，两者都能为受众带来改变生活的体验。想一想你在设计演讲时吃过的最棒的食物，什么要素使这顿饭如此令你难忘，它让你有什么感受？我们以同样的方式来回忆这辈子看过的最有震撼力的演讲。

大鱼演讲戒律

以下是以戒律形式呈现的最有用的 10 条建议。它们来自我们的演讲宗旨，是完美的典型。在阅读本书时，你要牢记它们，它们会帮助你成为更全面、更自信、更有风度的演讲者。

1. 为公众演讲，而不是为你。
2. 记住时间是不可再生资源，请尊重它。
3. 不要做你自己都不愿听完的演讲。
4. 演讲者比演讲更容易被人记住。
5. 对自己的演讲主题要有激情。
6. 讲故事。
7. 一步步讲到行动号召。
8. 如果你觉得自己排练得已经很充分了，那么请继续排练。
9. 只要有可能，就要把听众调动起来。
10. 享受过程。

我们会在整本书中详细讲解这 10 条戒律，我们相信任何人通过它们都能走上成为更好的演讲者的道路。

现在你已经为把演讲变成美妙体验的第一步做好了准备，接下来就为创造出吸引人的内容做好准备吧。

第 2 章

内容

> **言语具有非凡的力量，它能让人情绪高涨，也能让人黯然神伤。**
>
> ——马蒂·格罗思（MARDY GROTHE）博士

所有演讲的基础都是内容。演讲中可能包含最棒的过渡、高品质的照片、非常复杂且具有视觉冲击力的设计，但如果演讲内容空洞无物，那一切都是枉然。你的演讲是有目的的：你在传递某些信息。内容就是你希望听众理解并记住的东西，它是你的重要观点、你的中心思想和态度。

你会和一屋子的人在一起，他们有自己的看法和观点，无论你想告诉他们什么，无论你想教育、鼓舞、说服听众还是让他们哭或笑，一定要确保你所说的有说服力、可信、有趣。

这不只与你想说什么有关，还与听众想听什么有关。他们是谁？他们喜欢什么？他们具有怎样的人口统计特征和心理特征（他们的价值观）？找到这些问题的答案有助于你设计演讲的内容，它们会成就你的演讲或毁了它。

如果人们觉得你所说的并不重要，他们就会开小差；如果你的话引不起他们的兴趣，他们也会开小差；即使他们对你所说的感兴趣，但你说的方式引不起他们的兴趣，他们还是会开小差。这是一把双刃剑，因为你说什么和你怎么说将决定他们的注意力。有人说听众平均的注意力持续时间为 5 分钟[①]，而不幸的是，你的演讲很可能比 5 分钟长。你需要确保你说的话能够吸引听众，让他们一直聚精会神。

在本章中，我们将讨论以下内容：

- 调查研究。
- 重要观点。
- 简单的中心思想。
- 开场白。
- 故事。
- 数据。
- 行动号召。
- 结构。
- 难忘的话。
- 把事情变得有趣。

[①] 资料来源：Anne Fisher, Conquering the Five-Minute Attention Span, http://fortune.com/2013/07/10/giving-a-speech-conquer-the-five-minute-attention-span/.

调查研究

调查研究非常重要。在买房之前，你会做调查研究；在面试之前，你会做调查研究；在开始一个新项目之前，你也会进行调查研究。在生命中无论我们做什么，事先都会进行某种程度的调查研究和计划。上班最快的路线是什么？哪个卖家要价最低？我愿意为哪家公司工作？

演讲与此没有什么不同。作为演讲者，你需要调查研究你的演讲主题和听众。在研究主题时，你首先要明白的是调查研究永远没有穷尽，总会有更多可以学习的东西。研究的目的不是让你觉得自己已经把所有资源都用尽了，而是让你觉得可以自信、

从容地就这个主题进行演讲了。这很重要，原因有二：第一，这样你会较少看幻灯片；第二，你能够回答出抛给你的任何问题。

把幻灯片当"拐棍"用会妨碍你作为演讲者的可信度，因此不要依赖幻灯片，并将此作为一条准则。对主题进行彻底的调查研究能确保你不必依赖幻灯片，还有助于你制作出更简洁的幻灯片，只把它们作为你演讲中的"路标"。

那么该如何对主题进行调查研究，才会使你足以了解需要知道的一切呢？假设你要做有关一本书的演讲，但你对其他事情一无所知，你不知道听众是谁，不

知道演讲的目的是什么，你所知道的只是你要就某本书做 30 分钟的演讲，那么第一步该做什么？

做调查时，你需要问自己以下 6 个问题：

谁？ 什么？ 什么时候？ 在哪儿？ 为什么？ 怎么办？

在我们举的例子中，你应该问自己：

• 这本书是写什么的？
• 它的目的是什么？
• 目标读者是谁？
• 作者是谁？
• 他们是做什么的？
• 他们为什么要写这本书？

这是一个简单的例子，不过每个问题可以引出更多的问题。关键是不要只问这 6 个问题，而要回答这 6 个问题，并将它们应用到演讲主题的各个方面。请记住：

• 永远没有终点。
• 任何信息都是有用的。

• 质疑一切。
• 和谷歌做朋友。

即便你是学科专家，那又怎样？即便你知道如何回答任何人提出的任何问题，演讲前的调查研究依然很重要。它有助于你精进你的演讲内容，最重要的是，它会将你引入调查研究的第二个阶段。

这包括了解你将对谁演讲。当知道了听众是谁之后，你会了解他们想听什么，他们想怎么听。这对任何演讲来说都很重要。一旦你了解了你的听众，你就能进一步了解他们的需求。

在了解听众时，你还需要注意活动本身，了解演讲的背景很重要。这是一个需要付费的会议吗？听众是专业人士吗？还是一群学生？有其他演讲者吗？如果有，他们的演讲主题是什么？

无论你如何获得有关听众的信息，关键都在于花时间做这件事。当你对听众可能喜欢什么、不喜欢什么有所预判时，你就可以定制你的演讲内容，确保它们对特定的听众是有效的。

你还可以用以下这 6 个问题来研究听众：

1. 我为什么演讲？
2. 我对谁演讲？
3. 听众想听到什么？
4. 我怎样能更好地满足他们的需求？
5. 我会在什么时候演讲？
6. 会场 / 舞台 / 场地在什么地方？

其他关于听众的问题有：

• 我是否有可以和目标听众建立起联系的个人故事？
• 对听众最有效的媒体（演讲工具）是什么？

• 我希望听众如何对待我传递给他们的信息？
• 他们对这个主题已有的了解是什么？
• 我的主题可能会引起什么问题或反对意见？
• 是否有令听众困惑的技术内容？
• 在谈到有争议的问题时，比如宗教、种族或政治，我是否会不小心冒犯任何人？
• 如果听众是外国人，我是否能确保演讲内容不会被认为具有攻击性？

很多人被邀请在会议上做演讲，我们知道人们不会专心观看一部他们认为自己不喜欢的电影，会议上的演讲也是如此。如果你知道所有演讲者都会讲相同的主题，这就很好地表明了听众的兴趣。如果不确定，可以问问活动的协调者。但这也并不是完全可靠的，总会有一些另类听众。无论听众是谁，目的都是吸引他们，让听众普遍认为你的演讲很有趣（后文会详细解释）。

案例研究

　　一家大型电子产品零售商请我们帮它做一次宣传活动，对象是为公司新的互动技术进行投资的大客户。此次活动的挑战在于影响最终投资决策的目标听众来自不同的部门，其中的利益相关者包括首席执行官、市场人员、会计、工程师和开发者，所有人都希望自己的需求得到满足。如果宣传活动没有达到这个目的，未来的融资就会受阻。

　　我们特别设计了展示方式，一开始是跟所有利益相关者都有关的普遍要素，然后我们逐一满足每个群体的需求，同时说明这对其他群体意味着什么："有了这项技术，你们的客户就可以……并体验到前所未有的互动技术（针对市场人员）。虽然具有革命性，但这项技术也可以对你现有的技术进行兼容性的升级（针对工程师），而且成本不是很高（针对会计和关注盈亏的首席执行官）。"这种包容性的方法让每个部门都能放心，因为能够满足它们各自的需求。

　　这个例子提供了两个有关研究听众的重要经验：经验一，利用可利用的资源，通过主要联系人，了解听众的组成和兴趣，提出必要的问题；经验二，如果听众比较多元，那么研究内容要概括化，然后用包容性的方法满足每个群体的需求。

　　充分了解主题是展现自信和可信度的好方法，了解听众的需求是打动他们的最佳途径。

肯尼的建议

　　你的主要联系人（客户、活动组织者、主办人等）是最好的资源，但也要利用其他资源。可以查看针对听众或活动的旧期刊，对过去的或目前的听众成员进行访谈，或者咨询以前的演讲者，了解听众的情况。

重要观点

没有对主题和听众做调查研究，就不要做演讲。

所有演讲都需要有一个重要的观点，这一点再怎么强调都不过分。这个重要观点界定了演讲的目标。它本质上是一个论点，可以是鼓舞人心的，可以是富有挑战性的，也可以是引发争议的。重要观点是整个演讲内容的基础，它决定了你如何处理你的论点、信息、整体风格和你想传递的情感。每个杰出演讲的背后都有一个重要观点，它的重要性不容小觑。

我们将告诉你的不只是如何选择优异的重要观点，而且是最佳的重要观点。

首先，重要的是认识到重要

观点不是标题。虽然"如何改变你的演讲策略"这样的标题听起来有趣，但为了获得真正的成功，你需要重要观点，比如"为了改变你的演讲策略，你的演讲一定要是你自己愿意听完的"。重要观点是与主题相关的陈述，也提供了解决方法，这种解决方法会对听众的思维方式提出挑战。

但只有重要观点并不能发挥很大的效力。重要观点的影响力很大程度上取决于支持性内容的质量和你演讲的背景。换言之，你需要知道听众是谁，然后给予他们相信你的理由。

例如，如果你演讲的重要观点是"聘用最好的人才，培训他们，放手让他们做自己的工作，由此增加销售"，而听众是富有经验的销售经理，他们在听你的演讲时可能会走神儿，因为这并没有改变他们的思维方式。但是，如果你对一群没有经验的新销售经理提出这个重要观点，他们会觉得你的演讲很有启发性，因为这对他们来说是新观点，促使他们想对此有更多的了解，而你的观点对他们有价值。

另一个例子是德鲁·达德利（Drew Dudley）的 TED 演讲《棒棒糖改变一个人》。达德利直到演讲快结束时才说出他在领导力上的重要观点："我们需要用棒棒糖时刻重新定义领导力，我们创造了多少棒棒糖时刻，发现了多少这样的瞬间，有没有积极传播这样的影响，有没有感谢那些影响我们的人。"这是有力的行动号召，达德利在讲完一个故事后

案例研究

在肯尼的 TED 演讲《说不的艺术》中，他告诉听众如果说不，能带来未来的机会。他讲述了他小时候说"不"从而避免受伤害的故事。主题被确立下来后，他需要一种能够让人们以新的角度来看待"是"和"不"的方法。他的重要观点被引了出来："今天当谈及'不'字时，我希望你们改变对它的看法，我希望你们把'不'字看成盾，把'是'字看成剑。"这个重要观点包含着比喻，这使听众很容易记住他和他的演讲。

肯尼·阮

TED演讲

大鱼演讲公司

发出了这个号召，而故事讲的是一位女士感谢他帮她和学生破冰（剧透：后来他们结婚了）。他打动了听众，然后号召他们按照他的重要观点采取行动。

本书的重要观点是：为了成为前1%的演讲者，人们必须树立雄心勃勃的目标，把吸引人的内容、令人难忘且简单的视觉资料和有影响力的演讲结合起来，从而把每次演讲都变成一种美妙的体验。

记住，聚焦于一个有力的观点胜过摆出多个观点。你要让听众都关注一个核心观点，质量胜过数量，过多的重要观点会分散听众的注意力，稀释你的要旨。

以下是一些著名的 TED 演讲的例子，这些演讲聚焦于一个重要的观点，并且用充分的内容支

麦勒迪·霍布森（Mellody Hobson ）,《色盲还是肤色勇气》:

我认为是时候坦然面对令人不适的种族讨论了：黑人、白人、亚洲人、西班牙人、男人、女人，所有人，如果我们真的相信在美国人人拥有平等的权利、平等的机会，那我认为我们必须好好谈谈这个问题了。我们没有条件做色盲，我们必须拥有肤色勇气。作为老师、父母、企业家、科学家，我们不得不坦诚地、积极主动地、充满理解和勇气地谈论种族，不是因为这样做是对的，而是因为这是明智的做法，因为企业、产品、科学、研究，所有的一切越多元就会越好。

克里斯·哈德菲尔德（Chris Hadfield ）,《在太空中失明让我懂得了什么》:

……考虑一下感知到的危险与实际危险之间的差异，真正的风险在哪儿？什么是你真的应该害怕的？不只是泛泛地

害怕坏事的发生。你可以从根本上改变对事情的反应，这样你就会去你原本不敢去的地方，会看你原本不敢看的东西，会做你原本不敢做的事情……

肖恩·埃克尔（Shawn Achor），《改善工作的快乐秘诀》:

问题在于从科学角度来看这代表了状况不佳，是退步，原因有两个。每当大脑取得成功时，你都会改变成功的标准。你拿到了高分，现在不得不去取得更高的分数；你进入一所好学校，后来你进入了更好的学校；你找到一份好工作，现在你必须换一份更好的工作；你完成了销售目标，但我们会改变目标。如果幸福在成功的反面，那么你的大脑永远抵达不了那里。我们把幸福推出了认知的视野，那是因为我们认为我们必须成功，然后才能更幸福。

持这个观点（楷体字的部分就是重要观点）。

这些演讲者的重要观点吸引并启发了听众，他们用有说服力的故事或数据来支持这个观点，这样可以做出更有说服力的论证。这是所有优秀演讲的核心。

记住，演讲者可以在演讲中相同的阶段揭示他们的重要观点。如果你把演讲的结构组织得很好，并且运用了讲故事的原则，那么揭示重要观点的时刻就是听众在情感上觉得受到挑战的时刻。

重要观点不只是说出你的论点，它还要激励并创造出行动。把你的主旨归结为一个简单的观点意味着深入你的主题，提取出最重要的内容，只有这样你才能真正触及听众的思想和心灵。记住，任何成就都始于一个观点。

简单的中心思想

演讲或沟通中普遍存在的一个问题是不够简明。我们经常看到写满文字的PPT，这是因为演讲者不会简化他的内容。大多数演讲者担心他们不能有效地传递自己的观点，因此会尽可能详尽地提供信息，确保听众听得到。但是这会适得其反，大量的信息会淹没听众，他们会走神儿。

我们发现在介绍新服务或培训时，需要进行详细解释，但不要把每页幻灯片都写满文字。简化你的内容对于研究的各个方面来说都很重要，不只是对内容。我们都知道复杂的内容难以理解，而简短的观点理解起来会比较容易。如果7个字就能说清楚

的事为什么要用20个字？如果只能选两种颜色，为什么要把所有的颜色都包括进来？为什么要谈论并不重要的额外细节？无论在内容、设计或发表演讲中，简化都是有益的。如果内容简单，理解和记忆起来就会容易；如果设计简单，演讲就会更一致、更有效；如果你的演讲简单，听众会觉得你自然、自信，和你的关系就会拉近。

信任你的听众，不要牵着他们走，让他们得出自己的结论。

该怎么做？

如果你不能用一句话总结你的演讲，你就做错了

简化内容的最好方法是用一句话来总结。这怎么可能？其实很容易。当我们的客户不确定他们的主旨是什么时，我们常常会问他们是否能用一句话来表达，这迫使他们对自己的观点进行最简化，并使其认识到简洁的重要性。当你能把你的演讲总结为一句话时，接下来要以传播你的主旨为目的，围绕这个观点来制作幻灯片。这句话对听众来说就是主要的收获。

这与你的重要观点有什么区别？你的中心思想是为了有助于听众更清楚地理解重要观点的内容。你的重要观点对听众来说是个挑战，而你的中心思想是表达重要观点的简单方式。

把听众当成 5 岁的孩子

这条简单的建议有助于你消除演讲中的术语、混乱和累赘，从而揭示潜在的主旨。下次准备演讲时，让你的朋友做你的听众，但是不要把他看成你的朋友，而要假装他是个孩子。如果你的幻灯片上文字太多，他是不会看的；如果你提供太多的信息、术语或内容太复杂，他会看不懂；如果你的主旨不够简单，他会忘记你说了什么。除非你的信息是最简单的版本，否则你随时都会失去听众。

最困难的在于坚持这条原则。并不是每次演讲我们都可以自己选择主题，或者选择抛给听众的信息数量。但是很重要的一点是，要记住你可以在不遗漏信息的情况下简化内容。下次当你需要浓缩信息时，就假装你要给一群 5 岁的孩子做演讲。

这涉及聚焦于主要部分，即你希望听众带走的信息。它是什么？当人们站起来准备离开时，你希望他们在想什么？他们不会通过一页都是统计数据的幻灯片记住贵公司几大支柱的构成，他们要么会记住你的演讲主题，即

传递给他们的信息，要么什么都记不住。在没有人真的需要解释、详尽的细节和例子等时，不要把它们大量地抛给听众。如果第 13 张幻灯片的目的是解释第 12 张幻灯片，这说明第 12 张做得不够好。

我们曾成功地把 200 页的 PPT 归纳为一个观点，因此可以明确地说，你的演讲也不例外。你只是需要仔细查看你的所有内容，消除复杂性，聚焦于主要观点。这样做之后，把这些点组成一句话，从这句话开始搭建你的演讲。要让听众能够理解每一页幻灯片上的信息，但也要留下足够多的难理解的内容，让听众自己去弥合这个差距。你希望他们能轻松地听懂你的演讲，但只有信息足够简单才有可能。

假设一家制鞋公司有几百种不同的运动鞋，这些鞋适合不同的体育运动或爱好者。之所以有这么多种鞋，是因为公司希望客户在他们目前从事的活动或未来可能从事的活动中感到自信。然而在公司呈现它的主旨时，并没有展示每一种鞋或解释每一种鞋的功能。它没有列出公司所有的价值或体现它成功的利润率，而这通常是一些证明书和案例研究采取的方式。它只说了一句连 5 岁孩子都能懂的话：Just do it（想做就做）。

开场白

**演讲者请求听众注意的唯一理由是：他有真相
要告诉他们，或者他能带给他们欢乐。**

——戴尔·卡内基，《演讲的艺术》

吸引听众的注意需要技巧。有人说为了给听众留下好印象，你必须抓住演讲开始时的 7 秒钟[1]。一旦这段时间过去了，而且人们认为你的演讲无趣或不重要，几乎就不可能再激发他们的好奇心了。接下来的演讲就像一场艰苦的斗争，你竭尽全力重新获得他们的注意力。这是你承担不起的后果。演讲本质上就是推销，如果你一开始就失去了听众，那么之后无论用什么方法吸引他们，都不会达到应有的效果。

如果你有所准备，便可以轻松避免这种情况。当你一站在舞台上，演讲就开始了。要微笑，表现得热情友好。你的开场白为整场演讲奠定了基调，所以要准备一个非常出彩的引子，让听众为他们将要听到的内容做好准备。如果在最初几分钟里他们被激起了兴趣，那他们便有可能对

---

[1] 资料来源：Carol Goman, *Seven Seconds to Make a First Impression*, http://www.forbes.com/sites/carolkinseygoman/2011/02/13/seven-seconds-to-make-a-first-impression/.

你的主旨感兴趣，之后更有可能记住它。这就是最终目标，不是吗？为了创造改变，你需要造成影响，将观点逐渐灌输给人们。为此你的开场白一定要制造轰动。

说起来容易做起来难，这可比抛出一段鼓舞人心的引用、具有启发性的事实或陈述更复杂。开场白必须能使听众对接下来的演讲有粗略的了解，这是你的机会窗口。那么，该如何抓住并保持听众的注意力呢？

肯尼的建议

演讲之前，向听众中的一些成员介绍你自己是个好办法，可以问他们对演讲中的什么最感兴趣，他们最希望了解什么，目的是让听众知道你是真正关心他们兴趣的演讲人。

故事

每个人都喜欢好故事。我们都有自己的故事，讲故事就是和听众分享一段经历，暂时把他们转移到你所制造的世界中，使他们能够认同你。在那个时刻，每个倾听的人都在相同的地方，一起经历着一场小冒险，你与听众的纽带就这样建立起来了，这样你就有了与听众分享你的主旨的机会。这可能是最有效的开场白，但也最困难。关键是要确保故事不是非常特异，以至于会失去一些听众，它的特定性只要足以与每个人都相关就可以了。例如，当肯尼开始一场宣传演讲时，他从大鱼演讲公司的创立故事讲起，他告诉听众他如何见证了一场糟糕的演讲并发誓要做点什么。

当你需要在个人层面与听众建立起情感联系时，可以用故事做开场白。讲故事需要花费更多时间，因此一定要确保只讲必要的细节，确保每一句话都能推动故事的发展，否则听众会开始走神儿。

问题

用问题开始你的演讲是一种快速打开局面的方式，也能体现你是有风度的。问题不仅能促使听众思考和交谈，而且有助于让听众放松下来，每个人都被带出自动驾驶的状态，开始交谈，尽管只是几秒钟或只是几个词，却足以迸发出活力，让听众为你的演讲做好准备。你的问题要针对当时的情境。例如，如果你的演讲对象是一群海洋生物学家，你不应该用一个流行文化的引子开场，除非它与你的演讲有直接的关系。最好的选择是提一提听众有可能熟悉的最新的生物学发现。当你需要听众对新观念持开放的态度时，可以用问题开场，而向听众提出多个问题是了解听众的知识水平的好方法。

引用

不要用收获来评断每一天，而是看你每天播种了多少。
——罗伯特·路易斯·史蒂文森
（Robert Louis Stevenson）

用其他人的名言来开始你的演讲是个好方法，它既可以鼓舞听众，又能提供参照框架。通过一句至理名言，你在听众那里建立起了第一层可信度，尽管你使用的是别人的话，这也说明你做了研究，准备要分享有价值、有启发性的重要信息。毕竟，哪怕是最著名、最受尊敬的学者在分享他们的观点时也会进行引用，你为什么不呢？

当你需要一个有影响力的人物来证实你即将陈述的观点时，可以用引用做开场白。如果你的演讲内容会挑战听众的思维方式，那么使用引用再合适不过。

统计数据

在演讲中使用数字或其他类型的数据看起来有些枯燥乏味，但如果用得好，这些统计数据可以有效地解释你的主题。关键在于要使用清晰、精确和相关的信息。可靠的统计数据将你的演讲内容放进了一个具体可信、无可辩驳的参考框架中。数据不仅作为可信的资料支持你的演讲，而且使你之后说的话也都具有了可信度。显而易见，你想表现得很有把握，因此在演讲前就摆出事实，但你一定要使用相关的、吸引人的陈述来支持你的观点，而不是你认为会给听众留下深刻印象的随意的事实。如果统计数据是令人吃惊或令人不安的，那么效果将尤其好。著名厨师杰米·奥利弗（Jamie Oliver）关于食物的 TED 演讲的开场白是："在接下来的 18 分钟演讲中，将会有 4 个美国人死于他们所吃的食物，这真令人难过。"

当听众需要意识到一个重要的问题（也是可以被测量的问题）时，可以用统计数据作为开场白。最好的使用方法是对数据要有分析。如果你采用的是令人震惊的统计数据，一定要解释它们的出处。

幽默

如果使用得恰当，幽默会非常有影响力。开怀大笑可以让听众放松，从而更容易接受你和你的信息。不过要小心，糟糕的笑话比不讲笑话更差劲，一定要确保笑话与你的演讲相关并且与情境投合。导演 J.J. 艾布斯（J.J. Abrams）在他的 TED 演讲《神秘的盒子》一开场，告诉听众他宁可谈一谈多肽，也不愿做 TED 演讲。听众哄然大笑，同时对艾布斯接下来的演讲欣然接受。

当听众彼此不太熟悉，需要破冰时，或者当你设法用新颖的观点吸引听众时，可以用幽默的开场白。与演讲内容有关的搞笑故事或笑话非常有效，但也有风险，因为它们不一定能击中每个听众的笑点。

视频和照片

在为《4小时健身》（The 4-Hour Body）做宣传期间，畅销书作家蒂姆·费里斯（Tim Ferriss）发布了一段非常精彩的图书预告片（观看人数超过100万），让粉丝们不仅知道可以从书中获得什么，而且被激励改变了生活方式。费里斯把一个版本的预告片放在演讲的开场白中，激发了听众进一步了解演讲内容的兴趣。如果你考虑在演讲的开头使用视频或照片，一定要保证它们有助于激发情绪，并且与后面的演讲相关。你不必是著名的作家或者有大制作的预告片，利用几分钟的开场视频，你可以大幅提升听众的体验。但是视频不要太长，否则听众会开始变得不耐烦，视频越长，听众就越难重新集中起注意力。作为开场，45~60秒比较合适。

肯尼的建议

幽默是很难掌握的演讲技巧。根据我的经验，故事形式的自嘲是赢得人心的好办法，因为这会使听众对你产生好感。

如果听众比较活跃而且我事先已经交了一些朋友，有时演讲一开始我会讲个发生在听众所在城市的有趣经历（如果这个故事和我的主题或者和活动的主题相关就更好了）。

有一次我穿着黑色的高领毛衣和牛仔裤去演讲。就在开始演讲前，我意识到自己看起来就像亚洲版的史蒂夫·乔布斯！演讲一开始我说我知道自己看起来像谁，我突然拿出我的迷你iPad，介绍说这是iPhone 6 plus plus。听众中顿时爆发出一阵笑声，幽默一下子让我变得很讨人喜欢。

我希望从今天开始，谈一谈多肽的结构。

——J.J. 艾布斯

《迷失》（*Lost*）和《碟中谍 3》

（*Mission Impossible III*）的导演兼作者

使用视频和照片作为开场白可以激发听众情绪，为后面的演讲设定基调。

道具

用与主题相关的物品开始演讲可以更直观地传递你的信息，使观众更好地理解它。布鲁斯·艾尔沃德（Bruce Aylward）的 TED 演讲《如何防治小儿麻痹症》就是这样的例子。艾尔沃德拿着一个装有脊髓灰质炎疫苗的小瓶子，让听众思考能够改变世界的技术。

很重要的一点是，在演讲中不要过度使用道具，这会分散听众的注意力。要么把它收起来，要么把它放在背景中，作为巧妙的提醒物。只要引入道具时伴随着有力的主旨，那么它就是有效的。

———

演讲的每个方面从各自的角度看都很重要，但想一想，开场白是你演讲的第一步，决定了你想使用的方法，掌握它，把它变成你自己的方法。在演讲中你会显得更自然、更流畅。

窍门：是不是很难决定用什么方法做开场白？试着在你已经有了其他内容之后再写开场白。构建你的演讲的结构，包括过渡、观众互动和行动号召，然后设计一个反映这种结构的开场白。尽管这听起来有违直觉，但它使你的故事完整，使你的整个演讲前后一致。

故事

听过大卫和歌利亚的故事吗？

几千年前坚持信仰的以色列人和高傲的腓力斯人之间有一场战争。随着战事的发展，扫罗（Saul）领导的以色列人变得越来越忧虑，因为腓力斯人有一个被他们视作英雄和勇士的巨人，他名叫歌利亚。

据说歌利亚高约两米七。他向疲惫的以色列人发出挑战，看有谁敢跟他一对一地对决。对决的结果将会决定整场战争的结局。虽然只是一个诱人的提议，但扫罗和他的手下都很害怕，没人愿意接受歌利亚的挑战。以色列人正在失去最初支持他们的东西，那就是信念。

以色列人的情况看起来很糟糕，直到一个名叫大卫的年轻人出现了。这个年轻的牧羊人给他非常饥饿的兄弟们送吃的时，听说了歌利亚的挑战。大卫相信信念能够使人无往而不利，于是问扫罗他是否能做以色列的勇士。尽管扫罗不赞成，但也没有别的选择，因为其他人都不敢应战，他只能相信这个年轻人。

信念和投石器是大卫的武器，他接受了歌利亚的挑战，这令腓力斯人很吃惊。他们想："以色列人难道已经绝望、恐惧到派一个孩子来应战的地步了吗？"歌利亚认为自己必胜无疑，他无情地嘲笑着大卫和他的同伴。

大卫并没有被歌利亚的嘲笑吓住，也没有退缩，他退后一步，将对上帝的信仰之力注入投石器，然后射出石头，正中歌利亚的头。

一开始，什么都没有发生，腓力斯人不相信小小的石头能打倒他们的英雄。但是接下来"砰"的一声，歌利亚倒下了，这说明信念和勇气可以战胜最强大的巨人。他们的英雄被打败后，腓力斯人四散奔逃。

大卫和歌利亚的《圣经》故事已经流传了很多代，并经历了多次变化，但它的精神力量犹在。

这些经典故事之所以很有影响力，是因为它们使我们联系到自己，能够让我们与喜爱的人物产生共鸣。它们以感人而有趣的方式教给了我们人生的经验。

这就是故事真正的力量。

想一想在近期的历史上一些伟大的个人和组织如何利用故事影响了社会：

- 马拉拉·尤萨夫扎伊（Malala Yousafzai）讲述自己的人生经历，以此争取女孩的受教育权利。她激励全世界的年轻女性努力获得教育。

- 马丁·路德·金（Martin Luther King Jr.）用理想未来的故事激励人们为种族平等而战斗。他的人生故事加速了美国黑人民权的进程。

- 史蒂夫·乔布斯用故事解释苹果产品如何能改善人们的生活。他的故事激励全球的企业家把世界变得更美好。

- 沃尔特·迪士尼（Walt Disney）成立了电影制片厂，这就是一家在大屏幕上讲故事的公司。他分享故事的方式影响了几代最杰出的电影制片人和故事作家。

- J.K. 罗琳（J.K. Rowling）写出了全世界的人们都喜欢的《哈利·波特》系列奇幻小说，促使他们进一步探索自己的想象力。

是什么构成了好故事？好故事包含以下 3 个因素：

1. 情感内容和故事背景。
2. 英雄和反派。
3. 悬念。

情感内容和故事背景

为了讲好故事，首先需要确定情感内容和背景。

想一想最令你难忘的演讲。演讲者如何用故事：

- 给听众带去欢乐？
- 提升目标意识？
- 以适当的方式呈现数据？
- 使复杂的主题变得更容易理解？
- 鼓舞听众采取行动？

诉诸情感使演讲者能够与听众建立起更牢固、更难忘的联系。

以得克萨斯州的科迪·史蒂芬斯基金会（Cody Stephens Foundation）的故事为例（大曝光：创始人是我们的朋友），它的使命是提高有心脏骤停风险人群的健康意识。基金会帮助得克萨斯州的学区实施心电图扫描计划，为初高中的学生运动员提供体检，使年轻健康的学生了解心脏猝死的危险。

想一想演讲新手和演讲专家会如何就此来倡议人们募捐。

演讲新手

你了解心脏猝死吗？就是心脏突然停止工作，病人心脏骤停。据统计，它是造成学生运动员非意外死亡的首要原因。更令人震惊的是，1.6%的学生运动员存在有可能导致心脏猝死的心脏病。但这是可以预防的。这种疾病不是天生的，也不是因为动脉堵塞，你需要做的只是通过做心电图来发现它。我们的基金会帮助得克萨斯州的学生运动员获得成本最低的心电图检查，我们希望你考虑为预防学生运动员的心脏猝死捐款。

这段演讲提供了很好的信息，但我们怎么能让听众在更深的层面上关注这件事呢？尤其是当听众从来没有做过学生运动员或者不认识遭遇过心脏猝死的人时。

让我们来看一看演讲专家讲故事的效果如何。

演讲专家

2012年5月6日，科迪·史蒂芬斯还有几周就要从科洛斯比高中毕业了，他期待着在6月的科洛斯比展销与竞技大会上展示他的猪、公牛和羊羔。他获得了塔尔顿州立大学的橄榄球队奖学金，这让他很激动，而且在努力训练，以保持良好的身体状态。

科迪身高近两米一，体重130多公斤，看起来非常健康。周日下午，科迪回到家，说自己很累，踢掉鞋子躺在他爸爸的躺椅上，打起盹儿来。然而科迪再也没有醒来，他在睡梦中死于心脏骤停。他的家人甚至从来没有听说过这种病，完全不知道看起来很健康的年轻人会有这样的健康风险，几乎毫无警示。

心脏猝死是造成学生运动员非意外死亡的首要原因。更令人震惊的是，1.6%的学生运动员患有可能导致心脏猝死的心脏病。

而科迪的死是可以预防的。心脏骤停不是天生的，也不是因为动脉堵塞，你需要做的只是通过心电图来发现它。这个基金会为了纪念科迪而创立，目的是预防心脏骤停造成的死亡。我们帮助得克萨斯州的学生运动员获得成本最低的心电图检查。为了拯救其他孩子，我们希望你能考虑捐款。

我们很容易就看出第二个演讲更有说服力。虽然在听众看来，心脏猝死显然是个严重的问题，但他们很难感同身受，除非他们直接了解到某个曾出现这种问题的人。讲科迪的故事使它与听众产生了联系，这就是情感内容。它体现了将故事与统计数据融合起来的神奇效果。当某人采取全球视角并把它提升到人类层面时，产生联系和理解就会变得更容易。听众可能从来没有遇到过心脏猝死，但听了第二个演讲者的演讲后，他们很有可能愿意为防止这种疾病害死其他运动员而提供帮助。

如何构建情感内容

- 说一说听众能够理解、能够与自己联系起来的个人经历，这些经历与他们的生活有关。这需要对听众的人口统计特征进行调查研究。

例如，如果肯尼的演讲对象是一群害怕公开讲话的演讲者，他会讲他第一次对很多听众演讲的故事。他会描述他开始是多么害怕，后来又如何克服了恐惧，让演讲很成功。这会让听众觉得他们并不孤单，有人和他们相伴。

- 如果提供数据，要将主题与听众之间的点连起来。明确你的演讲内容如何直接与听众相关，会如何影响他们。如果与他们没有直接关系，那么就设法创造一个体现你的内容如何会影响他们的情境，使你的主题具有人情味。如果是为了一项慈善事业，你一定要提到最好的情况和最糟的情况。

例如，假设你在为一个非营利组织筹集资金，这个组织帮助灾后的人们重建家园。如果你在对有意捐款的人演讲，提供影响的范围是个好方法。"今年我们已经筹集了100多万美元，这使我们能够帮助40个家庭重建他们的家园，现在总共有200个无家可归者有了自己的家。你捐助的（金额数）美元可以帮助（人数）人。相应地，这将降低（消极结果，比如犯罪率或无家可归的情况）。"

- 激发听众的想象。故事要讲得绘声绘色。设置场景（你第一次遇到的重要的人或你最好的朋友），描述环境，描述每一种情绪和情感，描述当时的天气、声音，甚至气味。你的故事能够触发的感官越多，听众的反应就越强烈。
- 讲笑话。欢笑能缓解会场里的紧张气氛，暖场的最好的方法之一就是搞笑，开玩笑，说些讽刺的话，或者讲个尴尬的故事，自嘲式的幽默最有效。认识几个听众也没什么坏处，他们对保证笑话的效果有益，毕竟，笑是会传染的。

尽管好内容对打动人心至关重要，但好背景决定了听众敞开心扉的程度。想一想，如果你们正在野餐，玩得很开心，这时有人讲了一个悲伤的故事，你是不是会想："哇，谢谢你给我讲这个故事，但你不能选个更合适的时候吗？"背景很关键，故事的效果取决于何时、何地以及如何讲。

肯尼的建议

我们所说的"怎么讲故事"指的是通过符合情感内容的身体动作和声音。你能想象用单调的声音讲出精彩的故事吗？我认为不能。除了分享有趣的内容外，擅长讲故事的人会在故事中结合停顿、音调变化和手势。

英雄和反派

好故事一定有好角色：英雄和反派。

英雄

英雄是故事中的主要人物角色,他们为符合观众利益的事物而战。在设计你的英雄时,先确定目标受众的价值观,了解他们想要什么,需要什么,什么驱使着他们,他们是否体会过和英雄类似的感受,这有助于使他们和你的英雄产生情感连接。

如果你讲故事的目的是促使听众听完之后做某事,那么以下几点很重要:

1. 让他们与你的英雄产生连接。
2. 让他们知道接下来该做什么(行动号召)。
3. 不断提醒他们,如果英雄成功了,对他们、对世界意味着什么。

好的商业故事的结论是这样的:如果听众做……(所做的事可以非常简单,比如进行购买或传播信息),帮助英雄取得了成功,那么世界会……(你的公司对世界的主要益处)。

反派

每位英雄都需要一个相称的反派。无论是歌利亚还是像心脏猝死这样的危险疾病,反派都是故事中的"问题"。作为故事讲述者,你的任务是告诉听众问题的严重性,你的英雄必须征服听众,使他们想要了解为什么英雄需要战胜反派。其严重程度取决于故事中受到危害的事物。

听众应该和英雄、反派都建立连接。你的反派必须不断挑战英雄和你的听众。如果你的反派是容易被打败的对手,不需要听众的帮助就可以被消灭,你就会把听众惹恼,他们会觉得自己的时间被浪费了。

1983年史蒂夫·乔布斯在苹果销售大会上的发言是一个很好的例子。在大会上他介绍了著名的超级碗广告《1984》,发布了麦金塔机。

1983年,苹果公司和IBM(国际商业机器公司)合并成立了行业中最强大的竞争者,当年每家公司的个人电脑销售额大约为10亿美元。1984年每家公司在开发上的投入将超过5 000万美元,另外还会在电视广告上投入5 000多万美元,总投资近2.5亿美元。

当时正值股价暴跌,行业老大破产,其他公司岌岌可危。1983年整个行业的损失甚至超过了苹果和IBM个人电脑销售利润的总和。

到了1984年,IBM想一家独大,苹果被认为是唯一有希望与IBM竞争的公司。经销商一开始张开双臂欢迎IBM,后来对IBM一统天下的未来感到担忧,他们逐渐转向支持苹果公司,认为它是唯一能使他们在未来获得自由的力量。

IBM想一家独大,它把枪口对准了实现行业控制的最后阻碍:苹果公司。蓝色巨人能否主宰整个电脑行业,乃至整个信息时代?乔治·奥威尔(George Orwell)在《1984》中的描写是对的吗?

在乔布斯设置的场景中,IBM是反派,苹果公司是英雄;苹果是大卫,IBM是歌利亚。以这种方式呈现人物角色会在受众与苹果公司之间建立起情感联系,激发对反派IBM的恐惧和怀疑。

观众期待着双方对抗的高潮时刻,接下来会发生什么?

悬念

在讲故事的时候，你的目标是始终吸引听众的注意力，但这不止关系到故事的有趣性。你应该制造悬念，让听众感到故事结尾会发生一些事情，这会让他们一直心存好奇，等待着问题被解决或观点被披露出来。听众想要得到答案，但不一定是马上得到。

我们渴望故事里的奇迹和神秘的事情，作为演讲者，以下是你设置悬念的方法：

- 让听众有在乎的事情。如果听众在意英雄为之战斗的事情，他们就会关注英雄面临的每一个挑战。要确保让观众知道如果反派胜利了会发生什么，代价越大，听众会越在意。

- 不断挑战你的英雄。在听故事期间，听众应该一直悬着一颗心，所以要不断给你的英雄设置障碍。在英雄的福祉开始牵动着听众的心时，这样做最有效。这还能证明英雄能够应对逆境，为了听众的利益而不断进取。挑战不能一下子就被克服了，因为那样会让听众失去注意力。

- 确定故事线。逐步展开故事，这样可以保持悬念。要遵循故事线，以下正是故事线提纲的示例：

  - 引子：介绍故事的主要人物。
  - 冲突：介绍故事中的反派和冲突。
  - 剧情上升：描述英雄和反派之间的互动。他们应该挑战彼此，如果有一方获得了胜利，故事应该讲明发生了什么。
  - 高潮：聚焦于发生在英雄身上的最重要的转折点，通常是他迈出一大步，走出舒适区的时候。

- 剧情下降：即将见分晓。
- 结尾：揭示最终结果。英雄和反派，谁是胜利者？有时如果故事要求听众参与，结果会不是很明确。

　　在宣传推广中，我们运用了大鱼演讲公司的起源故事。为了说明故事线，请看一看我们是如何揭示和描写反派和英雄以及如何使用悬念的。

- 引子：为什么把公司命名为大鱼演讲公司？4 年前，在 2011 年 1 月一个暴风雨的夜晚，联合创始人格斯·穆里洛和我聆听了有生以来最枯燥无趣的一场演讲。当时我们在参加学生组织大会，一位《财富》世界 500 强企业高管的演讲把我们惊到了……可不是因为好得惊人。

- 冲突：我记得我们曾因为即将能听到这个家伙的演讲而很激动，但当他站在那里时，我的

眼睛和耳朵都很受伤，200 页写满文字的幻灯片啊！我们都遇到过这种情况：典型的演讲者无法传达他们的重要观点。更糟糕的是，这个家伙自问自答，把一张张幻灯片念完，甚至被自己讲的笑话逗得哈哈大笑。

- 剧情上升：我心里想，"演讲永远都好不到哪儿去。"然后一个想法突然冒出来，"这真的是演讲的未来吗？"我在那里坐了 3 个小时，心不在焉，然后有了一个疯狂的主意：如果有一家公司，不仅能提供杰出的设计，而且能帮助演讲者更好地做演讲，那会怎样？我想如果世界上最大的公司就是这样做演讲，那很可能以后的重要观点都不会有人听了。如果有一家能够将表达的技巧与设计整合起来的公司，那么演讲的影响力一定会提升。

- 高潮：正是在那时，创立大鱼演讲公司的想法诞生了。

- 剧情下降：我们的目标就是消除枯燥乏味的演讲。客户可能

是有大创意的"小鱼"，但我们会帮助它们像"大鱼"一样演讲。格斯和我决定放手一搏，努力实现这个疯狂的想法。

- 结尾：如今我们帮助过各种规模的公司，从《财富》世界500强企业到初创公司，帮助它们将设计、演讲和视频制作结合起来，为听众提供好的体验。

一起努力吧，我们能帮助你。

说到讲故事或做演讲，你的任务是保持听众的积极参与。设置悬念是一种动力游戏，它推动着听众经历起起伏伏。你的故事应该引发多种情绪，但要让听众保持警觉，头脑飞快地转动，眼睛睁得大大的，参与某种程度的互动。为了设置悬念，你一定要

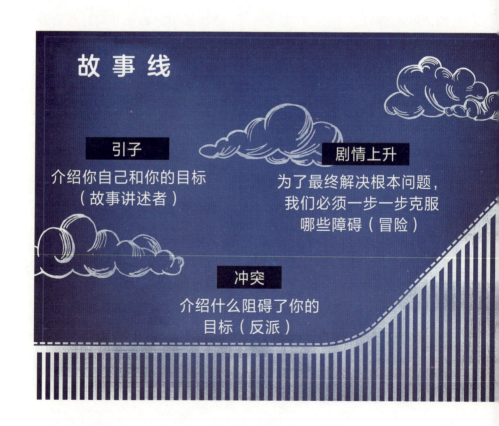

故事线

引子
介绍你自己和你的目标
（故事讲述者）

剧情上升
为了最终解决根本问题，我们必须一步一步克服哪些障碍（冒险）

冲突
介绍什么阻碍了你的目标（反派）

避免单调，不要保持一成不变的节奏，不要变得可预测。我们的眼睛和耳朵很快会发现规律，这意味着你的听众也会发现规律，然后适应它，最终目光会变得呆滞或开小差。

伟大演讲的核心是设计巧妙的故事。请运用讲故事的 3 条原则，这有助于听众与故事的内容、背景建立连接，喜爱英雄，憎恨反派，被悬念牢牢地吸引。它们共同发挥作用，能帮助你说服听众。

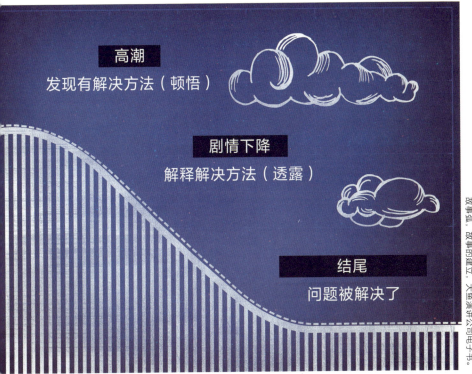

故事弧，故事的建立，大鱼演讲公司电子书。

数据

在本章中，我们谈了很多如何在演讲中讲故事。一切之中都有故事，甚至数据中也有，展示数据不一定就会单调、枯燥或令人困惑，你必须运用想象。我们可以告诉你这本书体现了我们对演讲的基本认识和理解，也可以告诉你这本书是一群人的集体智慧，他们用了几年时间，参与过几百场演讲，在真实的演讲上投入了几千个小时，最后凝聚成了这本书的内容。哪种说法听起来更动人？

相关性

最重要的事情最先说，就像其他内容一样，数据应该与主旨，与你的听众相关。反复评估你的内容，问自己："听众为什么想听这些内容？"对你来说，知道这个问题的答案很重要。你应该能向听众解释这些数据为什么对他们很重要。一个很好的例子是 2008 年 IBM 关于发布最新的超级计算机走鹃（Roadrunner）的新闻稿。这种超级计算机每秒钟能完成 1 000 兆次计算，怎么用普通人能理解的方式来表达这个数量？消除可能让一部分听众感到疏远的术语，代之以可理解、可以与听众产生联系的语言。IBM 公司的人是这样表达的："全世界的人口（60 亿）每人拿

你知道，他们做了研究。在60%的
情况中，它每次都有效。
——布莱恩·范塔纳（Brian Fantana）
电影《王牌播音员》（*Anchorman: The
Legend of Ron Burgundy*）

一个计算器，以每秒钟做一次计算的速度算上 46 年多的计算量等于走鹃一天的计算量。"[1] 不可思议，是吗？虽然懂技术的人能够理解最初的统计数字，但这种比较会让其他人大为震惊。如果你能把高层次的数据转化为与人们相关的东西，那么你的演讲会产生巨大的影响。

肯尼的建议

避免术语。术语指的是某个行业特定的语言，会疏远其他人。把你演讲中的陈词滥调和故弄玄虚的字眼去掉，比如"跳脱框架思考"、"最前沿、尖端"和"创新"，使用太多的术语会让你看起来好像在用这种方法掩饰你在知识上的不足。

让他们有所感

如果想让人们记住你和你的演讲主旨，你需要让他们有所感。例如，汉斯·罗斯林（Hans Rosling）在 TED 演讲《前所未见的最好的统计数字》中谈到了全球发展的进步，他慢慢地、充满感情地深入事实，探讨它们对整个人类意味着什么，使听众产生紧迫感。罗斯林凭借资深演讲家的实力，讲述了一个跨越时间和空间的故事。他带着听众走上一段旅程，使听众能够理解数据，将数据与自己联系起来并被数据打动。

当在演讲中加入数据时，你应该问自己：

- 听众是谁？
- 这些数据与我的听众、我的主题有关吗？
- 呈现数据的方式简单吗，有意义吗？

---

① 资料来源：Carmine Gallo, *The Presentation Secrets of Steve Jobs*, page 110.

- 数据能引起听众的情绪反应吗？
- 听众从数据中能领会并记住什么？

　　如果你能准确并有信心地答出这些问题，那么你将会以有趣的方式呈现数据。演讲结束时，听众对你的演讲内容会有更深入的理解。有时只是把事情说出来是不够的，你需要用可靠的数据来证实它。如果你能弥合转述统计数据通常会造成的脱离感，便能帮助听众真正理解你的主旨。听众不是挠着头，苦苦琢磨统计数字和百分比的含义，而是领悟并记住了你分享给他们的更宏观的观念。他们会透过数字看到观点，他们获得的不是事实，而是知识；他们不是在聆听演讲，而是沉浸在体验中。

肯尼的建议

　　如果你给一群你不熟悉的人做演讲，而且事先也无法充分了解他们的人口统计学特征，那么你要问自己：

- 我呈现数据的方式能引起人们的关注吗？
- 我能否展示数据如何影响着他们的日常生活？
- 我能否讲一个简单的故事来说明它们的重要性？

　　通过回答这些问题，你更有可能使具有不同人口统计学特征的听众理解你的数据，并感到这些数据对他们有意义。

行动号召

你需要知道你为什么做你正在做的事情？行动号召是你演讲的理由。没有行动号召，你站在讲台上就是毫无目的的。好的行动号召应该对听众具有挑战性，让他们在完成行动后会感到自己成长了。你首先要做的事情是搞清楚自己为什么演讲，你的行动号召如何挑战了听众的思维方式。

这个挑战就是你的行动号召。重要观点和行动号召息息相关，在围绕行动号召构建演讲内容时，先思考以下问题：

- 在提出我的行动号召之前，听众已经具备了什么知识？

- 我提供的什么新信息有助于他们做决定？

- 对听众来说，为了做决定，什么信息最重要？

- 我是否已经提供了听众做决定所需的全部信息？

- 什么是可能妨碍他们对我的行动号召做出回应的最大障碍？

- 我的行动号召能为听众带来什么？

你呈现了独特的内容，讲得很有说服力，过渡得很好，还和听众进行互动，有非常精彩的幻灯片，但如果你没有推动听众以某种方式采取行动，那这一切都是徒劳。毕竟，你很清楚演讲的目的是什么。我们演讲都是为了创造有意思的、真正的改变，我们想影响他人，把世界变得更美好。我们怎么能做到这一点？我们必须给听众灌输目标感，必须让他们有紧迫感，因此我们必须有行动号召。

在整个演讲过程中，你用设计吸引人们的目光。你和听众建立连接，使他们有兴趣听你的演讲。你给他们讲故事，改变他们的看法，你用演讲主旨吸引他们，打动他们，使他们以某种方式去思考和感知。但是，如果没有方向，这一切都是徒劳的。行动号召给使用者指出方向，你需要告诉听众接下来该做什么。在演讲过程中，你可以在两个地方插入行动号召。

第一次暗示行动号召是在陈述主题时。这时你可以简要地说一说你演讲的目的。在希望达成什么目标上，你应该保持坦诚的态度。如果你想筹集资金，你应该一开始就表明你有一个深信的理念，希望通过演讲使听众相信这个理念的价值。人们会感觉到你是真诚的，会更愿意听你讲。

第二次提到行动号召是在接近演讲结束时，你提出了最终要点，但还没有正式做总结。此时你可以很快地重述一下你的观点，总结出最重要的主题。支持性的演讲内容是行动号召令人信服的关键，在提醒了听众你刚才的演讲内容之后，你可以顺势提出行动号召。这个过渡需要一定的技巧，正是在此处，你将观点转化为了行动。

其做法有以下几种：

- 提出问题，要求听众思考为你的演讲主题他们将采取什么行动。这不是强人所难的问题，人们可以几乎毫无压力地做决定。你没有直接告诉他们该做什么，而是让他们自己思考。这样，你给他们提供了一个机会，把选择权留给了他们，赋予了他们权利。

例如："你打算什么时候为对抗全球饥饿做出你的贡献？"

今晚回到家后，你可以问自己："如果我不害怕，我会做什么？"

——谢丽尔·桑德伯格（Sheryl Sandberg），脸书首席运营官

Dfree/Shutterstock.com

- 推动听众立即采取行动的要求。在时间紧迫的情况下，这种方式更有效。记住，自信永远好过咄咄逼人。你不是在强迫听众做某事，相反，你在呈现一个场景，其中的选择显而易见。你建立起来的可信度此时会对听众产生影响，使他们根据你的推荐采取行动。

  例如："在就业市场中，要么与众不同，要么被刷掉。"

- 立即给予听众一些东西，作为采取行动的回报。人们很难拒绝一个不费什么劲儿的交易，提供给听众某种确定的奖励，有助于推动他们采取你希望的行动。为了尽快促成交易，你提供的应该是让听众无法拒绝的东西。

  例如："如果今天注册，你将获得免费的礼品卡和去悉尼的往返机票。"

记住，越具体越好。你一定不希望有什么误解，所以要尽可能直截了当。如果你想要什么，直接提要求。

提出并执行行动号召并不容易。你不希望被人认为是固执己见的、贫穷的或傲慢的。

另外，你不希望你的演讲是浪费时间。你需要完成一些事情，但你可以做得很优雅。

我们的宗旨基于这样的理念，即你对听众应该始终保持尽可能地坦诚。如果你做到彻底透明，那么你的行动号召会收获更好的结果。我们的宗旨的一个方面源自演讲家西蒙·斯涅克（Simon Sinek）的著名理论。他的演讲《从为什么开始》的主要观点是企业在思考如何做和做什么之前应该先明确"为什么"。普通的演讲只会谈到做什么和如何做。明确这三个方面，从"为什么"开始，增强你的可信度，然后说出那个大胆的行动号召，通过回答为什么、做什么和如何做的问题，而不只是回答做什么的问题，你可以与听众建立起情感连接。人们的决定更多的是基于情感，而不是基于逻辑，因此你的行动号召会引起更强烈的共鸣。

记住，你完全可以在行动号召上发挥创意。在大多数情况下，在演讲中加入道具、视频、图像或其他独特的元素会大大提升你被喜欢的程度。它标志着向行动号召的过渡，还会使问题、要求或提供的回报更明显，更令人难忘。这时候你应该开诚布公，看着听众的眼睛，使他们相信你的事业和理念值得支持。这是将你的计划、实践和工作转化为有形结果的机会。

力求实现。

肯尼的建议

如果你只是在最后才提出行动号召，那么它不会很有影响力。你的行动号召应该是你的演讲的灵魂，支持性的内容是演讲的身体。

我叫梅逊·扎伊德，如果我能扭转逆境，那么你一定能绝处逢生。

——梅逊·扎伊德
（ Maysoon Zayid ），
喜剧演员兼活动家

Robin Marchant / Getty Images

结构

在设计演讲时，创建结构很重要，它可以使你的观点顺畅地过渡。如果你的演讲进程太快，听众会感到困惑。如果你在一个主题上停留太长时间，听众会厌倦，开始走神儿。如果你设计的结构不能很快吸引听众的兴趣，不能顺畅地过渡或有力地收尾，那么演讲就失去了一气呵成的冲力。这就是为什么提前计划演讲非常重要，至少要有某种程度的计划。恰当地安排演讲的结构有助于保持演讲的流畅和力度，有助于保持听众的注意力。没有任何结构计划地去演讲就像开车没有方向盘：你有前进所需的一切，但无法控制前进的方向。我

们不希望这种情况发生在你身上。保持演讲内容的聚焦性、保持听众注意力的好方法是在头脑中创建一张路线图，它是你事先准备的演讲大纲，演讲时你可以参考它。你的路线图应该包括令人信服的开场白、顺畅的过渡和有力的结尾。这种清晰的方向能够确保你顺利地完成演讲，不会跑题。它还有助于你管理时间，这一点非常重要。如果你不能给每个部分分配合适的时间，你有可能漏掉或掩盖了重要的观点。模拟刚站在台上那一小段时间，选择用恰当的话来做过渡，计划如何收尾，总结你的演讲。

用三条法帮助听众记住你的

重要观点。如果你能把演讲内容分成三个主要观点，那么你的演讲会变得更加容易记忆。显然有些主题不适用于这个规则，但对大多数演讲来说，它是有帮助的。在分享你的主要观点之前，用类似"在接下来的 25 分钟里，你将学到 3 种创意演讲法，它们会让你的演讲前所未有的精彩"这样的话对听众进行预处理。说这样的话不仅能吸引听众的注意力，而且为他们提供了演讲的框架。正如戴尔·卡内基所说："告诉听众你打算说什么，然后说出来，再告诉他们你说了什么。"大胆的开场白让听众为你的演讲主旨做好了准备，而令人难忘的结尾重申了你的主旨。这种组合使你的演讲很有分量，在演讲中和演讲后，你的观点会萦绕在听众的脑海中。

以下是我们推荐的结构：

- 引言。
  - 开场白（故事、问题、统计数字、笑话、引用或吸引注意力的事物）。
  - 解释开场白（开场白和研究的主题有什么关系）。
  - 主题预览（为听众提供路线图）。
  - 主题陈述（预览行动号召）。
- 主要观点 1~3 个。
- 支持主题陈述的正文。
- 过渡句，确定什么时候从一个主要观点转向另一个主要观点
- 简要重述主题。简要重述主要观点以及它们与行动号召有什么关系。
- 行动号召。
- 总结。结尾（故事、问题、统计数字、笑话、引用等，不要加入新的事实）。

你应该精心设计结构，尤其是主要观点，这种清晰的结构有助于你设计自己的演讲。你制作的幻灯片可以告诉听众演讲进行到了什么地方，后面还有什么内容。清晰的结构对听众的帮助和对演讲者的帮助一样大，甚至更大。

史蒂夫·乔布斯在斯坦福大学做的著名的毕业演讲体现了很好的结构。乔布斯告诉听众他会讲3个故事，由此提供了他演讲的大纲，在讲完每个故事后，他会分享故事的主旨。

另一个例子是威廉·麦克雷文（William H. McRaven）上将2014年在得克萨斯大学所做的毕业演讲。在演讲中麦克雷文列出了10个要点，讲述海豹突击队的训练如何转化为生活中的成功。

两位演讲者都提前告诉听众，他们在演讲中将会听到什么。

我们探讨了使用思维路线图，管理各部分的时间，运用三条法，以及对听众进行预处理。这是构成结构化演讲的因素，但你使用它们的方式完全取决于你的个人风格。采取最适合你的方式。你喜欢以什么顺序听信息？作为听众，不是作为演讲者，你喜欢什么样的语速、语调和整个流程？我们经常会忘记听众是由像我们一样的人组成的，因此在准备演讲时问自己"我喜欢这个吗"会很有帮助。

肯尼的建议

悬念不仅适用于你的故事，而且适用于整个演讲。把我们在这个部分提供的结构作为你的内容、设计和演讲的起点。

以下是在演讲中插入悬念的方法：

- 在内容中。在提前概述主题时，你可以说"在接下来的45分钟里，你们将了解改善人生的3件事"，这样听众就会留意你的3个主要观点。

- 在设计中。每张幻灯片上只放一个观点，避免听众走到你的前面。这样在你揭示每个观点时，他们会一直充满兴趣。

- 在演讲中。在提出一个观点之前，暂停一下，如果做得得当，这会制造出短暂的紧张感。

难忘的话

令人难忘与独特性、与强大的影响力有关。通过使用强有力的语言，你可以传递经得起时间检验的理念。在你做完演讲后的很多年，你的话会依然被引用。

我们之所以能记住某些话，是因为它们对我们有特殊意义。为了令人难忘，你需要提供意义。你必须注意遣词造句，不仅使听众有所思，还要让他们有所感。在期待观点有意义，因此令人难忘之前，你必须找到观点的核心。最有影响力的引语是那些以直接简短的方式说出大道理的引语。在写你自己的演讲稿时，一定要记着这一点。

畅销书《史蒂夫·乔布斯的演讲秘诀》（*Presentation Secrets of Steve Jobs*）的作者卡迈恩·加洛（Carmine Gallo）说，写出令人难忘的话的经验法则是保持字数少于140字，这样你的观点会简短、令人难忘、容易分享。想一想你愿意在推特或脸书上看到并分享的内容。

此外你还可以借鉴简短的广告语或品牌口号。想一想你最喜欢的商标，例如，你的电脑是什么牌子的？你是否买特定公司的鞋、短裤或食物？以迪士尼公司为例，它的广告语是"地球上最快乐的地方"，迪士尼把它的目标浓缩为一个短语。

以下是一些我们很喜欢的名言警句：

成为你想在世界上看到的那个改变。
——圣雄甘地

书和笔是最有力的武器。
——马拉拉·尤萨夫扎伊

你接触的每一个人都有值得你学习的地方。
——比尔·奈（Bill Nye）

你的教育就是你未来生活的带妆彩排。
——诺拉·艾芙隆（Nora Ephron）

如果你想改变世界，从整理床铺开始吧。
——威廉·麦克雷文上将

（接下页）

类似这样的引语让人很难忘记，因为寥寥数语，却道出了很多深意，关键在于其简化了复杂的观点。这并不意味着你的整个演讲应该以几个词为转移，而意味着这几个词会使你的演讲更令人难忘。你希望人们谈论你的演讲，分享它，把它作为参考或指南。你希望它容易传播，希望这个关键句子既简单又引人注目。你希望用一句话就能解释它，但这句话会被谈论很多年。

那么如何创造出这些神奇的话语呢？最好的方法是先把演讲的其他内容全部完成。当你把想说的都写出来之后，就可以深入探究你的演讲的最重要的一个方面了。例如，当史蒂夫·乔布斯你的事业不是别人告诉你的……你打心眼儿里就知道。
——奥普拉·温弗瑞（Oprah Winfrey）

如果你正处于人生的谷底，那就继续前进吧。
——丘吉尔

永远不要怀疑那一小群有理想、有抱负的公民可以改变世界，实际上，世界的改变，向来全靠这些人。
——玛格丽特·米德（Margaret Mead）

当命运不济时，要化不利为有利。
——戴尔·卡内基

语言的狡猾之处在于：它在它的强大性上说了谎。
——莉娜·丹恩（Lena Dunham）

说"今天苹果手机彻底改造了电话"时，他已经知道自己演讲的结构了。在说这句话之前，他已经谈到了 iPhone 的 3 个方面。他知道这会是惊人之语，是每个人都会记住的精髓。他本可以选择一句描述音乐与沟通相结合的话，毕竟当时苹果的 iPad 很出名。相反，他选择了更大胆的陈述，声称他已经彻底改造了电话。这非同凡响，产生了巨大的影响，至今我们仍记得这句话。

为了找到你自己的名言警句，你必须确定演讲中最重要的是什么。你了解自己的演讲内容，能够很好地讲出来，但你能

肯尼的建议

我发现在做主题陈述、介绍观点、解释复杂的主题或总结演讲时，最适合用这样的语句。

把它总结成人们能够记住的话吗？你能让自己的言语充满激情和自信吗？任何人都能演讲，但不是每个人都能留下永恒的名言警句。如果你的观点是有意义的，内容受欢迎，你的话令人难忘，你便能真正地改变世界。

史蒂夫·乔布斯

2007年全球苹果展

戴维·保罗·莫里斯（David Paul Morris）

盖帝图像新闻/盖帝图像

把事情变得有趣

人们对演讲有个不公平的成见，认为它们都很无趣。不相信吗？不信你上推特，在搜索栏里输入"演讲"，把搜索结果从"最热门"转换到"最新"，你很有可能看到两类叙述："我好紧张"或"这一定很无趣"。是的，有些演讲确实无趣，这与主题完全无关。

著名广告人乔治·洛伊斯（George Lois）曾宣称他能把任何东西卖出去。他说他可以让你相信一支钢笔是世界上最好的钢笔，然后让你买下来，他能使这支钢笔成为你想要的笔。这很重要，因为它传递了一个信息：根本不存在无趣的主题。[1]

如果乔治·洛伊斯可以以卖钢笔为生，那么你一定可以让听众关注你的信息。你不必把主题变得很有趣，但必须把演讲的方式变得有趣。

怎么做？

做你自己

很多人非常重视在演讲时应该怎么做。

不要过于刻板或毫无生气，随意一些，表现得有趣而令人愉

---

① 资料来源：Doug Pray, documentary: Art & Copy.

> 如果人们喜欢你，他们会听你说的任何话。
> ——加里·瓦因尔丘克（Gary Vaynerchuk），社会营销专家

HubSpot INBOUND 和加里·瓦因尔丘克

快。如果主题不是非常令人兴奋，就承认这一点并努力做到最好（如果你认为自己的演讲主题枯燥无趣，或许是时候重新评估这个主题对你来说意味着什么，它对听众意味着什么）。不要认为你和听众之间存在着神秘的第四面墙，将你和他们分隔开，如果你是放松、自信和真诚的，你的气场会感染周围的人。

以下是可以把任何主题变得有趣的一些方法：

- 确定你的主要观点之后，写出能让听众提前对你的演讲有大致了解的内容提要。好的内容提要具有冲击力，能够使听众产生兴趣和期待。"2015 年数据报告"这个标题很乏味，为什么不改成"从 50 万美元到 100 万美元：我们如何在 2015 年翻一番"呢？TED 演讲的标题是很好的例子，它们要么引发人们的兴趣，要么具有十足的争议性。以下是一些突出的例子：

- 我从少年犯的经历中学到了什么［伊斯梅尔·纳萨里奥（Ismael Nazario）］
- 如何憋气 17 分钟［戴维·布莱恩（David Blaine）］
- 关于性高潮，你有 10 件不知道的事［玛丽·罗奇（Mary Roach）］
- 羞耻的代价［莫妮卡·莱温斯基（Monica Lewinsky）］
- 我有 99 个麻烦……瘫痪只是其中一个（梅逊·扎伊德）

- 和听众建立联系。问他们对你的演讲主题有多少了解，这样你会立即得到他们的关注和参与。无论是通过现场调查，还是通过推特提问，你会与听众建立起联系并使他们更深入地参与进来。一定要确保你的演讲内容与听众相关。
- 模拟。如果你的主题非常复杂，但你想不用幻灯片而更简单地解释它，那就这样做吧，这会让听众把注意力集中在你身上。

- 注意你的身体语言。在演讲时，要表现得对你的演讲内容充满了兴趣。你的身体语言是使听众倾听并信任你的关键，毕竟，如果这个主题不能让你感到很兴奋，那凭什么听众应该兴奋呢？

- 简化复杂的句子，让它们令人难忘。如果你有复杂的数据，那么用简单而令人难忘的方式讲出来。

- 运用幽默和讲故事，把深奥难懂但非常重要的主题讲得生动有趣。在展示数据时，要确保听众知道数据与他们的日常生活有什么关系和影响。

一定要明白，听众不是恶毒的批评家，他们就像你一样，吃饭、睡觉、有喜怒哀乐、想得到快乐。做你自己，让听众知道你是个普通人。记住，听众不是来评判你的，而是来听一听你有什么要说的，你知道他们也是人。正是这种领悟使你能够分享出乎他们意料的东西：你的人格。

成为听众

为了成为听众，你需要确切地了解听众对你的演讲主题有什么需求。想象乔治·洛伊斯让你展示他要卖的钢笔，这支钢笔没什么特别，只是一支普通的钢笔，但你不能这样对听众说。记住，你必须让人们想要这支钢笔，因为在座的没有人期待它。这与钢笔无关，而关系到人们拿它可以做什么。

聚焦于听众的欲求——你的主题带给特定需求的益处。如果你在给一群教师做新款复印件的展示，不要谈复印件的技术性能，比如处理芯片如何能实现在更短的时间里完成更多复印，你应该说一说因为这种复印机的复印速度快很多，所以老师们能够节省多少时间。复印试卷的时间减少了意味着有更多时间做其他事情，比如照顾家人。

假如你卖的是煎牛排的吱吱声，而不是牛排，看看会产生什么结果。

结论

你说什么很重要，但怎么说更重要。

听众由很多人组成，他们有着各自不同的观点，有着不同的思维方式。当你知道他们喜欢你如何表达信息以及他们对什么感兴趣时，你就能以无人能及的方式吸引他们。如果你的开场白、数据的展示能使听众有采取行动的冲动，那么你就拥有了非常宝贵的技能。

内容只是开始。如果内容是王，那么设计就是王后。

挑战

新手

- 用大鱼演讲结构设计你的演讲（开场白、主题预览、重要观点、主要论点、简要复述、行动号召、总结）。
- 讲一个有英雄、有反派、有悬念的故事，故事要与你的演讲主题相关。
- 用三条法明确你的主要论点。

专家

- 引用统计数字时，要体现它如何与听众直接相关，为什么它对听众来说很重要。
- 把你演讲的重要观点浓缩成推特化的语句（少于140个字）。
- 用演讲路线图对听众进行预处理。

第 3 章

设计

> 艺术的目的不是表征事物的外表，
> 而是表征它们内在的意义。
>
> ——亚里士多德

你写在纸上的观点可能看起来很棒，但它能脱离纸面吗？

作为一名演讲者，你的目标是创造改变。你想要改变世界观、习惯、思维定式，有时候只是想改变听众早晨时的日常惯例。你的目标是听众在听完你的演讲后发生了改变。作为演讲者，当你权衡手头的这些工具时，你需要考虑最有力的工具之一——设计。

正如前文提到的，如果内容为王，那么设计就是王后。为什么把东西做得漂亮很重要？

不要低估好设计的作用。设计就像艺术，艺术很有影响力：它能让你哭，让你笑，让你质疑周围的一切。设计也能像艺术一样，被用于创造改变。

我们将在本章中探讨以下内容：

· 幻灯片的结构。

· 肯尼的提示：从内容到设计。

· 故事板。

· 好幻灯片的要素。

· 色彩。

· 视觉层次。

· 字体。

· 插图。

· 动画。

· 数据。

· 讲义。

· PPT 以外的工具。

· 时间不够用。

幻灯片的结构

应该把什么内容放进幻灯片？

你构想出了重要观点和中心思想，那么应该把什么放进幻灯片里？这个简单的问题似乎令很多演讲者纠结，结果一张幻灯片里被塞入太多内容，或者有太多张幻灯片，或者两种问题同时存在。激发我们创办大鱼演讲公司的可怕演讲就存在这样的问题，演讲者不知道应该把什么放进幻灯片，所以他把所有东西都放进去了，哪怕这样做会令演讲超级无聊，而且不切题。

如何决定把什么放进幻灯片？

脚本

在做幻灯片之前，你需要知道你打算讲什么，写出你的脚本

和简明的大纲。我们看到过很多过于复杂、过于细节化的脚本，演讲人为了数据而牺牲了故事，结果超过了听众的承受能力。简明的大纲有助于你找到能够支持主要论点的信息，如果某些信息不在大纲范围内，那么就舍弃它们，这有助于你实现简明扼要。听众不想听你的产品的每个特点或故事的所有细节，你应该用清晰简洁的信息描述你的重要观点、支持你的中心思想，任何不相干的内容都应该被舍弃。

无论你是讲故事，列出过程的梗概，还是提出新观念，你的演讲都应该有结构。第一张幻灯片应该包含你的主要观点，简明的主旨

使听众能够更好地理解和记忆，而这些观点是你的演讲的主干。

这有助于你组织所有支持性的信息。作为演讲者，你的信息是有目的的，在列出这些主要观点后，你就有了选择把什么内容放进幻灯片中的指导性框架。大多数演讲都可以归结在主要观点之下，如果把它们分成独立的部分，会很方便听众记忆。

你有了主要观点，现在思考一下哪些支持性的或次要的信息值得放到幻灯片上，想一想哪些信息能够最好地支持主旨。如果你提出了新观点或新概念，那么最好的支持性信息是最有说服力、最关键的证据。如果你在销售产品，你最有力的支持性信息就是对听众有吸引力的点。如果你在讲述自己如何战胜逆境的故事，你的支持性信息就应该是促进今天的你的各个事件最精彩的部分。如果有些信息不能归结到任何主要观点之下，那么在盲目地把它们纳入演讲之前，先想一想它们是否能巩固你的中心思想。

每张幻灯片上放什么？

至于每张幻灯片上应该放什么信息，并没有一定之规，最重要的是要确保每张幻灯片都是有目的的。你对某张幻灯片可能有"看起来很美"的想法，但你一定要想一想它能否支持演讲的主旨。

一张理想的幻灯片应该只包含一个能吸引听众注意力的观点，它提供了绝对的焦点。

如何避免幻灯片上的杂乱？需要关注两件事：听众在幻灯片上看见了什么，听众听你说了什么。

假设你有一张写满文字的幻灯片，没人会把上面的文字都看完，如果你认为有人会记住这些文字，那你一定是疯了。首先，你需要限制你自己：保证任何幻灯片上的文字不超过 3 句话，甚至 3 句都多，不过我们还是挺慷慨的。其次，每句话要确保不超过 15 个词。只有 15 个词的句子比较容易引起阅读者的兴趣，也迫使你不得不尽量简洁。

想一想，你喜欢看到 7 个要

太杂乱

- 减少脚本和幻灯片中的杂乱很重要。

- 没人想在一张幻灯片上看到大量的信息，这会把听众的注意力从你身上引开。

- 你还在读吗？真不可思议，想停就停吧。

- 看到这多容易让人分心了吗？

减少混乱

减少幻灯片上的文字数量，把你自己突出出来。

点，还是 2 个?

什么样的句子比较容易引起你的兴趣，是上面专门讲这个内容的段落给出的答案，还是像这句超过 15 个词的长句子?

记住，每张幻灯片应该只包含一个观点或一个主旨，每张幻灯片需要有独立性，不需要依赖其他幻灯片来证明或解释它的意义。如果在一张幻灯片里放一个以上的观点，听众的注意力会因此而分散。

我们知道你们中的有些人在想什么:"但是我需要让听众知道所有这些规定、条款和重要的政策。"不，听众不需要。如果你展示的真的很重要，把它们都放在一张幻灯片上并呈现 5 分钟绝对是糟糕透顶的方法，这不会有利于听众的理解和记忆。你可以给他们一份文字资料，引导他们去你的网站，或者选出 3 个最重要的部分，但不要把公司的 25 条原则都放在一张幻灯片上，还奢望每个人都记住它们。

如何坚持每张幻灯片上只放一个观点? 让我们将它付诸实践:如果我想做一个关于"雇用杰出销售人才"的幻灯片，有 3 条支持性要点，我会在每张幻灯片上放一个要点。这样我可以

肯尼的建议

假设你在给一群技术人员、分析人员做演讲（我们正看着从事药学、生物学和工程学的朋友们），需要传达的信息很多（有时是出于法律上的原因）。如果必须在演讲中包含某些信息，我的建议是避免正式演讲中幻灯片上的杂乱（好好排练），给听众提供更详细信息的文字资料、数字版 PDF（便携式文档格式）文件、网站或博客。苹果公司是这种做法的典型代表，你可以在网站上找到所有技术细节，但在苹果的新产品发布中，观众只会看到相关功能的视觉资料。

把人们的注意力集中在每个要点上，而不是让他们一次看到并思考所有要点。如果你担心听众跟不上你的讲解，你可以在幻灯片的某处设置小提醒，这样他们就会知道贯穿性的总观点是什么。

如果你有一系列的支持性论点怎么办？请用图标或照片形象地展示这些论点，而不要密密麻麻地列出来。

我们知道这些建议一点儿也不有趣，而且不容易遵循，但当你的演讲没有很多累赘时，你会感谢我们。虽然没有解决混乱问题的万灵药，但这些限制会迫使你去除无关的内容。

我们告诉了你如何减少听众看到的东西。记住，幻灯片不应该把听众的注意力从你的演讲上引开，反之亦然。一定要保证幻灯片是对你的演讲的补充，至少引导着你的演讲。

如何确定做多少张幻灯片？

幻灯片多少算太多，多少算太少？

对于这个问题，没有单一的答案。在我们设计故事和演讲时，会考虑相关的各种因素并提出以下问题：

- 作为演讲者，我的说服力如何？我在引导着演讲吗，或者它只是幻灯片放映？
- 我的演讲有多长？有时间限制吗，或者由我决定演讲的长度？
- 听众是谁？他们需要的是不是不足 10 张幻灯片的简洁信息，因为他们的时间和注意力有限？
- 我想说什么？什么风格最适合强调我想表达的信息？我是否需要用很多幻灯片来体现数据趋势？我是否需要用 3~4 张幻灯片来介绍我是谁，我支持什么？

问自己这些问题有助于你决定适当的幻灯片张数。有时候答案是一张都不需要，虽然幻灯片里的内容很重要，但我们相信你应该可以不借助幻灯片做演讲。另外，我也知道数量较多的幻灯片有利于你把信息表达完全，但是你要记住，幻灯片越多，演讲者的压力越大，你需要确保幻灯片播放的时间安排得很恰当。

让我们来看一个例子。

这只是幻灯片的数量如何高度依赖于演讲的背景的一个例子。想一想你所有的选项，选择一个最适合你的。如果一开始没选对也不要沮丧，要不断尝试。偶尔走出你的舒适区，尝试新事物，你可能会发现新的风格更适合你。

案例研究

在 2013 年 9 月的苹果发布会上，苹果公司全球营销高级副总裁菲尔·席勒（Phil Schiller）一次性向世界介绍了两款新手机，这是苹果公司首次这样做。在介绍 iPhone 5c 的 10 分钟里，他使用了 30 张幻灯片和两段视频。他的演讲大约用了 6 分钟，平均每分钟 5 张幻灯片。这属于幻灯片用得比较多的情况，但从他的演讲背景来看，这是合理的。菲尔·席勒是很有能力的演讲者，他能自如地应对快速切换的幻灯片。他只有 6 分钟时间来展示具有很多功能的全新产品，因此他的介绍简短但不仓促。

听众由消费者、记者，以及对创新、新兴的技术趋势既了解又很感兴趣的技术极客组成。这群人能够从大量的幻灯片中吸收有用的小部分，最有可能在很短的时间里理解 iPhone 5c 的大多数信息。苹果产品展示的简洁和技巧一直为人们所称道，这些特点在整个发布会的演讲中都是显而易见的（可以在以下网址观看：http://www.apple.com/apple-events/september-2013/）。①

---

① 资料来源：The Apple Special Event, http://www.apple.com/apple-events/september-2013/.

菲尔·席勒

2013年9月10日，苹果产品发布会

贾斯汀·苏利文（Justin Sullivan）/盖帝图像

肯尼的提示：从内容到设计

在我的职业生涯之初，我成功地做过有 75~100 张幻灯片的连珠式演讲，直到最近我才改成演讲时用很少的幻灯片或者根本不用幻灯片，我发现较少的幻灯片能够让听众少分心。以下是我在实际演讲中发生的故事。

在一个大型会议上，我被邀请做开场演讲，主题不是我擅长的领域——演讲，我被要求讲一讲我其他的兴趣：做企业。我没有准备这方面的幻灯片。大鱼演讲公司有很多项目要做，我团队中的成员告诉我，除了润色他们什么都不能帮我。看明白只能靠我自己后，我立即投入工作。首先我提出了重要观点："如果希望你的企业不只是在经济环境中生存，而且能兴旺发达，那么你需要不断改进组织成功的 3P：人（people）、激情（passion）、流程（process）。"

从这个重要观点出发，我基于大鱼的列大纲流程建立了内容的结构（注意：不要被这个大纲的长度吓到，它并不像看起来那么吓人。在第 4 章 "演讲"中，我们会解释在实际演讲前如何一部分一部分地排练来有助于记忆，我非常重视结尾）。

用你的大纲确定需要把什么放进幻灯片，以及不放什么。

写出包含 5 个方面的大纲：

1. 带下划线的内容，这些内容可以作为幻灯片上的主要论点，还可以用形象化的方式呈现。

2. **黑体字**，需要强调的内容，比如适合发推特的句子，在演讲时需要停顿一下再说的话。

3. *介绍重要观点的斜体字。*

4. 在大纲中使用项目符号，推进演讲（消除不重要的内容）。

5. 用**黑体字和下划线**表示特定的演讲手势或身体动作。

我为这次演讲准备了白板，把它们放在与舞台相对的两侧。

以下是演讲的大纲：

软开场

- 问一问有多少人以前参加过这个会议。
- 告诉听众不要害怕互动（第一张幻灯片使用黑色幻灯片，以此制造悬念）。

开场白

- 讲述 2010 年 1 月大鱼演讲公司的故事，以及到 2012 年所取得的进步（讲完故事后介绍大鱼演讲公司的商标）。

- 通过在学校时经营一家企业的经历，我提出了一个问题：**我想怎么过我的人生？**

- 之所以会提出这个问题，是因为学校普遍存在的问题：**学校从来没有教我要追随自己的激情，只教我如何找到工作。**

- 学校通常灌输这种思想：勤奋学习＋努力工作＋高薪工作＝幸福（用等式的形式在幻灯片上展示论点）。

- 听爸爸讲了一个故事后我决定退学。后面会更详细地说。

- 快进到 2014 年。大鱼演讲公司和世界上一些最大的企业合作，目前在写将由麦格劳 – 希尔出版社的第一本书。

- 把这个公式写出来：人＋激情＋流程＝利润。我将和你们分享如何理解并运用这个公式，使你的企业在这种艰难的经济环境中不仅能够生存，而且能兴旺发达（介绍幻灯片的标题

"组织成功的 3P"）。

- 如果你现在没有公司，听听又何妨，你会学到一些有助于你未来企业成长的秘诀。

- 过渡到主要论点 1：人。

主要论点 1：人（幻灯片上展示大鱼演讲公司的工作人员，上面写着"人"字）

- **伟大的组织需要优秀人才。**

- 并不是每家组织都适合员工。

- 播放情人节的搞笑视频（可以在我们优兔（YouTube）的页面上看到这段视频：youtube. com/bigfishpresentations）。

- 雇用在技术和文化上都适合岗位的人非常重要。

- **我们用以下方法雇到最优秀的员工**（分别播放主要观点的幻灯片，它们解释了为什么雇用适合的人非常重要，然后对每一条展开讲一讲）。

1. 值得信赖的员工的推荐。

2. 直觉。如果我认为这个人可教、可爱，具有可以接受的专业知识和技能水平，这就是好

迹象。

3. 体现应聘者性格的巧妙的求职信：

① 查看罗伯的求职信，他现在是我们的文案员（展示罗伯的求职信，突出一些句子，这些句子涉及之前谈到的论点。这是一封令人捧腹的求职信，我们愿意和每个人分享它）。

② 我们知道我们想雇用罗伯，因为他的求职信真实、充满激情、坦诚。

- 人脉销售。好团队有助于你培养能带来潜在客户的人际关系。

- 讲一讲最近发生的大客户收购的故事，因为大客户具有杰出的客户服务和企业文化。

- 你的团队是公司最重要的资产。

- 过渡到主要论点 2：激情。

主要论点 2：激情（幻灯片上展示心的照片，上面写着"激情"）

- **展示激情的最好方式是非常擅长做使别人无法忽视你的事情。**

- 先讲一讲 Raising Cane 的广告宣传的故事（展示 Raising Cane 的商标或鸡肉条的幻灯片）。
- 问："我们会把首席执行官演讲委托给一个 20 来岁的年轻人吗？"
- 回答："虽然我只有 20 岁，但我保证为了做好演讲，没有人会比我更努力。我会竭尽全力，不满意可以退款。"
- 我们经常为 Raising Cane 的宣传活动提供帮助。
- 和杰出的人、杰出的公司合作。
- 公司非常了解演讲的内容。
- **如果你热爱某事，就竭尽全力成为最好的，与世界分享那份激情。**
- 无论做什么事情，成功之道是好到让人无法忽视你。
- 如果你在做的事情让你感到不适，那么你在浪费永远也找不回来的时间。
- 过渡到主要论点 3：流程。

主要论点 3：流程（展示传动装置照片的幻灯片，上面写着"流程"）

- 记录一切能复制成功、避免失败的事情（展示幻灯片，上面有从《大鱼销售与客户管理手册》中摘录的内容）。
- 创建流程使我们能（分别播放主要观点的幻灯片，它们解释了为什么创建流程非常重要，然后对每一条展开讲一讲）：
1. 更准确地衡量成功与失败。
2. 保持一致性。
3. 有助于培训新人。
4. 根据需要进行扩展。
5. 保持标准。
- 记录流程的最终目标是：**使卓越和成长成为一种习惯。**
- 过渡到简要复述论点。

简要复述论点（写着"组织成功的 3P"的幻灯片）

- 随着组织的发展，最有价值的事情是（分别展示每个主要论点的照片，加强重要性）：

1. 你雇用的人。

2. 促进企业发展的流程。

3. 帮助你战胜艰难时刻的激情：

 ①这3个要素对企业的利润增长非常重要。

 ②不要只为了增长利润而做这些事。

 ③最好的企业可以使企业家获得个人成长，积累财富。

- 过渡到结尾／用爸爸讲的故事来号召行动："在演讲即将结束时，我要分享一个我爸爸讲过的故事。"

- "我真心相信它反映了企业家的精神。"

结尾／行动号召（展示有爸爸和他朋友照片的幻灯片）

- 讲述爸爸讲的"A点到B点"的故事。

- 在白板1上画A点，在白板2上画B点。在两块白板之间用手画条直线。

- 爸爸的朋友不想为他自己做这件事，他想为了地位而做。

- 爸爸的做法不同。不是为了金钱，而是为了成就而做。

- 爸爸的回答是："虽然你的道路是从A点到B点的直线，我的道路有所不同，但终点都一样。我的道路会充满了直线、曲线和橡皮擦过的痕迹，但最终也会到达B点。不同在于那些直线、曲线和涂擦痕迹，我所体验的生活会比你的更丰富，因为我在做我喜欢的事情。"（解释）

- 在两块白板之间用手画出曲线。（我保证实践它比在纸上画出来更酷）

- 分享我爸爸如今的状况。

- 在我需要鼓励，以追随我的激情，因而请求我爸爸的指引时，他给我讲了这个故事。

- 这个故事帮助了我，我希望它也能帮助你追随你的激情。

- 生活中会有疯狂的转向、涂擦的痕迹和胡写乱画。

- 当发生这些情况时，退后并提醒自己最初你为什么要到B点，这就是我对你的要求，不要放弃（行动号召）。

- 不要只是挣钱，要给世界造成影响。
- 成为你所能成为的最好的你。
- 做你自己，这样你永远都是原件，不会成为复制品。
- 它本身比任何可以存进银行的东西都更有价值。
- 谢谢（最后展示动画标识）。

从这个演讲中可以总结出主要幻灯片的公式：

- 黑屏幻灯片。
- 与开场白相关的照片（我的开场白＋开场白的解释）。
- 标题屏（通常是动图）。
- 重要观点（主题陈述）。
- 主要论点1。
- 主要论点1的支持性内容（通常是照片或视频）。
- 主要论点2。
- 主要论点2的支持性内容（通常是照片或视频）。
- 主要论点3。
- 主要论点3的支持性内容（通

常是照片或视频）。

- 简要复述主要论点。
- 行动号召。
- 结论。
- 结束幻灯片（通常是动图）。

你可以在你的演讲中采用这种大纲，在其中增加你认为重要的幻灯片。

如果有的幻灯片比较复杂，很难在情感上引起听众的共鸣，那么在开场白中用充满情感的内容来吸引他们。如果在一开始就需要使用大量数据，一定要解释这些数据为什么对听众很重要（比如只说"通过这张图表，可以看出我们实现了一季度的财务计划"是不够的。相反，应该说"通过这张图表，可以看出我们实现了一季度的财务计划，这意味着每个人会涨工资"）。

创造并选择能够提升你的演讲的幻灯片，为听众提供一种体验。

故事板

什么是故事板

以前你应该听说过这个词。对于电影行业中的编剧和导演来说，"故事板"有助于设想纸面上的剧本在银幕上看起来会如何。故事板是讲故事过程中的必要部分。

故事在故事板上接受测试。"当你在阅读纸面上的文字时，很多不清楚的地方会暴露出来。"[1]你开始看到一些漏洞或需要更改的措辞及顺序，以便使电影连贯。故事板使导演在计划如何制作时能够形象地安排每个场景。

如何把它移植到演讲中？如果你决定使用幻灯片，那么故事板有助于你规划视觉展示，它将帮助你设计每一张幻灯片，使你意识到什么有用，什么没用。它还能节省时间，在真正开始做幻灯片之前，你可以把整个幻灯片的设想在故事板上展开，进行修改、删除或重新组织，直到你满意为止，这样幻灯片的制作会变得容易很多。故事板是等同于形象化的演讲大纲，不要担心设计的细节，相反你应该关注视觉构思。

具体怎么做呢？让我们来看一看下面两种方式。

---

[1] 资料来源：From the YouTube video, http://www.youtube.com/watch?v=t3mAHQuBqQI.

肯尼的建议

在每张便利贴的底部，我喜欢添加注释，它们与那张幻灯片上我要说的一些最重要的事有关。如果重要的事情太多，我会把内容分配到不同的幻灯片上。

一种方式是手绘幻灯片。你可以使用便利贴（一张便利贴代表一张幻灯片），把它们在墙上来回移动，[1]或者你可以把它们摆放在笔记本或一张纸上。

另一种方式是把你的想法写到白板上。在大鱼演讲公司的办公室里，大多数设计师有一张玻璃桌子，他们可以用白板笔在桌子上把演讲画成故事板。在白板上把幻灯片串成故事板会很有帮助，因为改变起来比较容易。如果你的想法行不通，就擦掉它们，重新开始。这也有利于团队合作，把所有内容都放在白板上，允许每个人打乱或添加，这促成了在故事板方面的合作。

技术平台

你可以利用各种各样在线和线下的平台来安排你的视觉资料。PPT 中的"幻灯片浏览视图"使你能够把演讲展开。[2]

Prezi 是一个简报制作平台，

---

① 资料来源：Nancy Duarte, *HBR Guide to Persuasive Presentations*.

② 资料来源：*Garr Reynolds, Presentation Zen, Volume 1.*

对把你的演讲列成故事板也很有帮助。它是一种简报软件，使团队可以在不同的地理位置共同制作故事板。你可以以非线性的方式构建你的故事板，它类似于在白板上的做法，只是这次是在网上。

它使你能够很容易地在团队中保存和分享你的想法。但是这种方式伴随着学习曲线，有时比使用便利贴或白板更耗费时间。

如何制作故事板

拿出你为每张幻灯片写的脚本或文案，开始思考以形象生动的方式展示这些信息。这是视觉头脑风暴，不要害怕，欢迎各种想法，有时最疯狂的想法是会产生最大影响力的想法。花时间思考每张幻灯片的几个不同的视觉构思，然后确定哪一个最有影响力。在思考哪张幻灯片使用什么视觉资料时，你可以遵循以下的简单流程。

评估

你创建了内容，对它了如指掌，但你需要思考它对听众意味着什么。让我们以这句话为例："筹集 4 000 万美元以资助可持续的增长。"你想传递什么信息？需要听众记住的主要信息是什么？选择 1：我们要强调投资金额。选择 2：我们想说明我们在努力实现可持续增长。4 000 万美元很重要，但它不是最重要的信息。

构思

现在你知道自己要说什么了，如何表达它们才能让听众更好地记住你的主要信息呢？

4 000万美元
投资，
资助可持续增长

选择 1

**4 000万美元
投资，资助
可持续增长**

选择 2

改进

舍弃不能强化你的主旨的视觉构思。向后退一步，检查你的幻灯片，如果判断主要意义的时间超过了一两秒钟，你就需要对它进行改进。用试错的方法去掉演讲中冗余的内容，不仅要让它有趣，而且要使它简洁。一旦过滤掉了不必要的因素，你就可以继续你的设计了。

随着反复实践，这个三步法会成为你的第二天性。你在处理演讲内容的美学方面，这意味着你不仅需要考虑实际的设计，而且需要考虑它对听众可能产生的影响。你在视觉资料上投入的努力越多，干得越聪明，它们越能帮助你制造影响。

肯尼的建议

建立故事板的一条很好的规则是，围绕每张幻灯片提出"那又怎样"的问题。虽然设计很棒，但重要的是问："这张幻灯片对演讲很有意义吗？它是否具有激发听众兴趣的内容？"千万不要放入没必要的幻灯片。

好幻灯片的要素

幻灯片有很多不同的背景，有些幻灯片是用来展示的，有些通过电子邮件发送，有些是在网上浏览，它们服务于不同的目的（因此，有些特征在某些背景中是有益的，在其他背景中则可能是有害的）。有些幻灯片的目的是突出演讲中最重要的论点，就像听众在听演讲之旅中的路标；而另外一些幻灯片的目的是在线播放，没有演讲者，因此必须包含更全面的信息。

我们看过很多幻灯片，足以得出好幻灯片所共有的特征。以下是对 3 个最重要的特征的案例研究，均来自我们为客户做的项目。

肯尼的建议

如果是好的幻灯片，文字对演讲者能够起到补充作用，而不是盖过他们。字体、图形和整体的艺术感染力很重要，但如果幻灯片上的信息超载，那么屏幕上的是文字资料，而不是演讲。我想跟随着演讲者的演讲，而不是提前就知道他要说什么，因为这肯定会让听众觉得无趣。

简单

简单的幻灯片会提供易于理解的少量信息，它们便于吸引人们的注意力、促进理解和记忆，同时使听众始终关注演讲者的演讲。不要提供过多的信息，超过听众的接受能力。超负荷不仅指的是文字，也适用于图形、照片、动画——任何会给听众提供多到难以招架的信息的事物。

我们帮助很多医疗保健公司以简单的方式讲述信息满满的故事。我们为客户派勒切克牙齿整形医院（Palleck Orthodontics）设计了有条不紊的幻灯片、极简的文字，这有助于听众把注意力集中在演讲者身上，而不是集中在幻灯片上。

把虚拟的牙齿

变成

现实

案例研究

易于理解

我们的目标是使听众很投入，而不是分心。所以只是"好看的"幻灯片达不到这个目的。幻灯片必须有意义，听众必须能够轻松地理解这种意义。

如何让难懂的财务概念变得容易理解，与听众相关呢？我们帮客户惠尔豪斯分析公司（Wheelhouse Analytics）把原本乏味的图表和定义换成了清晰的流程图，这样财务顾问就可以快速、轻松地领会幻灯片上的内容了。

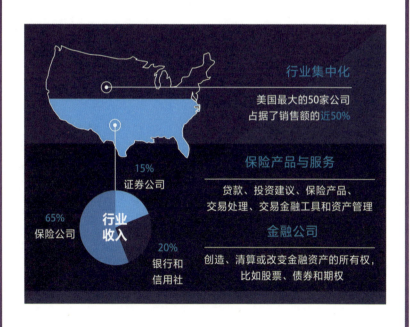

案例研究

易于记忆

漂亮的、能够激发情感的幻灯片有助于听众记住你的信息。如果每张幻灯片都使用的是相同的模板和布局，你会记住它吗？不。在每张幻灯片上都会看到公司标识有助于你记住这家公司吗？不。这就是为什么我们要考虑色彩、视觉层次、字体、动画和数据直观化。这些要素有助于人们沉浸在你的内容中并记住它们，这会影响他们做出演讲者希望的改变。

在听说了一家制造老花镜、近视镜的创业公司时，你不会觉得它是一家容易被记住的公司。如果是一家为世界上欠发达地区提供买得起的眼镜并能带来重要的经济影响的公司，你觉得怎么样？

我们为初创企业哈拉姆贝公司（Harambee）特意设计的第一张幻灯片看起来模模糊糊，没有聚上焦。听众能够看到幻灯片上有文字，但很难阅读。在另一张幻灯片上，我们去掉了模糊的那一层，展示了非常清晰的文字，我们让听众体会到了阅读时眼镜对需要它的人产生的影响。

重任

发展中国家有6.8亿人需要眼镜=由于缺乏生产率会导致1 200亿美元的损失

重任

发展中国家有6.8亿人需要眼镜=由于缺乏生产率会导致1 200亿美元的损失

色彩

色彩心理学

谈及色彩，我们的第一个建议是"从心理学的角度来思考"。[1]特定的颜色会引发特定的情绪，在演讲中可以用颜色唤起你希望听众感受到的情绪。

色彩的意义具有跨文化的差异。例如："在日本新娘会穿红色的衣服，而在欧洲和美国，红色被认为是猥琐、色情的。"[2]在中国，红色被认为能带来好运和兴旺，是幸运的颜色。

留心你所使用的颜色具有什么意义。在其他国家或其他文化环境中做演讲时，这一点尤其重要。事先做些功课。

我们在这个部分中将探讨西方的色彩心理学。凯伦·哈勒（Karen Haller）是色彩专家兼顾问。对于色彩对听众的意义，以及公司和员工应该如何利用它们，她提供了深刻的见解。

---

[1] 资料来源：Scott Gerber, *10 Tips for Company Color Schemes,* http://mashable.com/2013/06/09/color-schemes-business/.

[2] 资料来源：Ellen Lupton and Jennifer Cole Phillips, *Graphic Design:The New Basics* (Princeton: Princeton Architectural Press,2008).

绿色："看到绿色时，我们会感到安心、安全。"[1]相对于其他颜色，人类的眼睛能够分辨出更多深浅不同的绿色，这可能是因为这种特点在寻找食物上具有进化优势。绿色处于色谱的中间位置，可能因为这个原因，我们看到绿色时会感到平和安宁，它代表了平衡与和谐。绿色能够表达清新、自然和环境友好的基调。[2]大多数有机或注重环保的企业会在商标中用一些绿色。

黄色："黄色能提升自信和自尊，让你积极乐观。"[3]与白天和光明相关的黄色有助于激发听众的乐观精神和快乐情绪。

红色："红色的积极特性代表着温暖、活力和兴奋。"[4]它还代表着力量、热情和欲望，但也有愤怒、危险、冲突或对抗的意义。我们在社会和自然界中使用红色是为了突出并吸引旁观者的注意。

棕色：尽管棕色不是美国人最喜欢的颜色之一，[5]但它代表了一些积极的意义，比如坚强、可靠和支持性。[6]但是如果棕色用得不正确，它会"带给人沉重、迟钝和缺乏精密性的感觉"。[7]

① 资料来源：Karen Haller, *Colour Psychology ... The Meaning of Green,* http://karenhaller.co.uk/blog/colour-psychology-the-meaning-of-green.

② 资料来源：Karen Haller, *Business Branding Colours ... The Meaning of Green,* http://karenhaller.co.uk/blog/business-branding-colours%E2%80%A6-meaning-of-green/.

③ 资料来源：Karen Haller, *Colour Psychology ... The Meaning of Yellow,* http://karenhaller.co.uk/blog/colour-psychology%E2%80%A6-the-meaning-of-yellow/.

④ 资料来源：Karen Haller, *Colour Psychology ... The Meaning of Red,* http://karenhaller.co.uk/blog/wp-content/uploads/2012/02/Colour-Psychology-the-meaning-of-red-redsigns.jpg.

⑤ 资料来源：Michelle Manetti, America's Favorite Color Is Blue, According to House Beautiful's 2012 Color Report, http://www.huffingtonpost.com/2012/08/29/house-beautiful-2012-color-report_n_1840383.html.

⑥ 资料来源：Karen Haller, Colour Psychology … The Meaning of Brown, http://karenhaller.co.uk/blog/colour-psychology-the-meaning-of-brown/.

⑦ 资料来源：同上。

黑色："黑色给人神秘、深奥、复杂的感觉。"[1]不过它也传递着险恶、恐怖或庄严的意味。劳伦斯·雷席格（Laurence Lessig）做过一场很有影响力的演讲《自由文化》，他在演讲中用黑色强调了他的演讲主旨的严重性，即我们所生活的社会不是自由社会。[2]他利用了黑色的负面特性，达到了很好的效果。

橙色：橙色代表温暖和玩乐。"它是能够激发社会互动和对话的颜色。"[3]不过橙色也蕴含着轻浮、轻率的意义。

粉色："粉色代表充满关怀、滋养性的女性之爱。"[4]这与红色激发的欲望形成对比。如果红色代表着力量，那么粉色则代表着柔弱。

蓝色："蓝色蕴含着交流和逻辑的意义。"[5]蓝色与"信任、正直和效率"的感觉有关。我们生活在重视交流和逻辑的技术时代。很多公司喜欢在它们的商标中使用蓝色，比如脸书、推特和领英（LinkedIn）。

① 资料来源：Karen Haller, *Colour Psychology … The Meaning of Black,* http://karenhaller.co.uk/blog/colour-psychology-the-meaning-of-black.

② 资料来源：Laurence Lessig, *Free Culture* presentation, https://archive.org/details/Lessig-Free_Culture.

③ 资料来源：Karen Haller, *Colour Psychology … The Meaning of Orange,* http://karenhaller.co.uk/blog/colour-psychology-%E2%80%A6-the-meaning-of-orange/.

④ 资料来源：Karen Haller, *Colour Psychology … The Meaning of Pink,* http://karenhaller.co.uk/blog/colour-psychology-the-meaning-of-pink/.

⑤ 资料来源：Karen Haller, *Business Branding Colour … The Meaning of Blue,* http://karenhaller.co.uk/blog/business-branding-colour-%E2%80%A6-meaning-of-blub/.

让我们来看一看演讲者如何用色彩激发特定的情感。哈瑞士·曼瓦尼（Harish Manwani）是联合利华的首席运营官，在做有关企业在社会公益方面的作用的演讲时，他采用了熟悉且代表乐观的黄色。[1] 他的幻灯片要么使用黄色的文字，要么有黄色的元素。曼瓦尼认为企业在领导社会变革和采取负责任的做法方面不应该是旁观者，而应该冲在最前线。他的演讲传递出企业在社会公益方面做出贡献的紧迫感和乐观精神。

杰出的故事讲述者能够带着听众经历各种不同的情绪，你可以通过操纵色彩来达到相同的效果。利用幻灯片，在视觉上带着听众经历故事中的情绪。思考我们从心理角度对颜色的各种解释，并尽量将它们应用到演讲中的不同地方，或者像哈瑞士·曼瓦尼那样，自始至终使用一种颜色作为基调。

肯尼的建议

当使用黑白两色时，少即是多。如果反复使用，两种颜色都会令人感到厌倦，但如果少量使用，它们会引人注目，传递出强有力的信息。

色彩理论

色彩理论基于色环。三原色是红、黄、蓝，次生色是原色混合出来的颜色，第三色是原色与次生色混合出来的颜色。你还记得小学时上的美术课吗？这些都是你学过的，不过色彩理论还不止这些。

在为演讲幻灯片选择配色时，你要考虑色彩之间的相互作

---

① 资料来源：Harwish Manwani, *Profit's Not Always the Point,* http://www.ted.com/talks/harish_manwani_profit_s_not_always_the_point.html.

★=三原色　●=次生色　▲=第三色

用，以及前面探讨过的颜色的意义。颜色相互作用的两种主要类型是互补色和类似色，位于色环相对两侧的颜色是互补色，在色环上彼此靠近的颜色是类似色。选择配色方案时如果能很好地利用色彩之间的相互作用，你就能确保颜色不会彼此不协调。

在选择颜色时还要考虑的一个因素是你所使用的平台。大多数幻灯片是用微软的 PPT、苹果公司的 Keynote 或 Prezi 来设计的，这些程序是数字化程序，通常 RGB（红、绿、蓝）的效果最好。RGB 被用于数字化展示的设计，而 CMYK（蓝绿色、洋红色、黄色、黑色）被用于打印。在这些程序中，你可以看到很多 RGB 的选择，你可以调整红、绿、蓝的色彩构成，从而得到特定的颜色。

在运用色彩理论指导你的决定时，需要思考色彩与你的信息之间的相互作用。幻灯片具有设计层次，色彩可以补充或干扰这种层次。如果你为幻灯片上最重要的信息选择了阴暗的或者不太明显的颜色，那么你就犯错了。看一看每张幻灯片，思考什么最先吸引了你的目光。如果最重要的信息最先吸引了你，那么你做得很好。至于什么颜色最令人难忘，并不存在一定之规。你需要思考哪些颜色能从背景中跳脱出来，能够激发不同的情感。例如，黑色背景上鲜红色的大号文字比白色背景上的浅黄色文字更醒目。

肯尼的建议

有时照明会彻底改变幻灯片上的色彩。在实际会场测试一下颜色的效果是很重要的，幻灯片上的亮蓝色或暗红色在听众眼里可能是黑色。

色彩与你的品牌

代表公司做演讲时，在决定用色上你可能需要遵循特定的指导方针，你是品牌的延伸。大多数公司会努力确保它们的印刷品、数字展示、电视广告和户外广告都具有品牌的一致性，但很多公司忘记了演讲。因此要记住，你想提供一致的体验，那么最有效的时间之一就是在做宣传推广时。

大鱼演讲公司曾与很多坚持品牌指导方针的公司合作过，我们会确保正确地表现它们的品牌。通过你的营销资料，包括演讲，提供一致的体验有助于听众记住你和你的品牌的主张。

思考演讲的主旨也很重要。微软和苹果的产品发布会为人们所称道的是它们的影响力，以及与公司风格相匹配的一致的品牌塑造。但是联合利华首席运营官哈瑞士·曼瓦尼的演讲主旨是社会公益，而不是联合利华，因此他的幻灯片采用黄色作为核心颜色，没有采用公司的蓝色，这与他的主旨非常和谐。思考演讲的背景，想想是不是应该弃用公司的颜色，而采用能更好地反映你的主旨的颜色。

一些最棒的演讲并没有提供"一致的品牌体验"，所以要充分利用自己的判断力，选择最适合的颜色。

视觉层次

在想到层次这个词时，我们常常会把它和组织人的方式联系起来，就是根据人们的地位或重要性，把他们按一定的顺序进行安置。在设计中，层次的定义是"按等级排列的物体的特定顺序，有些物体位于其他物体之上"。[1]这些层次指出了物体间的不同关系以及它们的相对重要性。大多数安排有序的演讲具有信息的层次：主要观点、次要观点和支持性信息。对我们来说，层次的功能是创造视觉秩序。

在制作幻灯片时，人们会忘记他们展示的信息是有层次的。演示模板上留有标题和支持性文字的空间，我们会将其视作理所当然。在面对以有意义的方式组织幻灯片时，我们并不会真正思考所有影响信息层次的因素。平面设计师受过相关训练，他们会留心层次的问题，我们不是设计师，但可以采用他们的一些方法。

文字的层次要考虑到色彩、对齐、大小、线条的粗细和间隔，[2]不同的颜色可以用来区分文字或图形的重要程度。我们在上个部分探讨过颜色，以及为物

---

① 资料来源：Ellen Lupton and Jennifer Cole Phillips, *Graphic Design: The New Basics*.

② 资料来源：同上。

体或图形选择特定的颜色会产生怎样的心理影响。在幻灯片上，这种颜色与其他颜色的关系同样会影响层次。例如，假设你的主要观点都使用深红色的文字，红色就是一个视觉线索，告诉听众什么时候你要转向下一个要点，以及你所讨论的信息的重要程度。颜色还可以用来将不太重要的信息和比较重要的信息区分开，句子中最重要的词用明亮的颜色，这样它们就能从句子的其他词语中突显出来，听众会知道那个词是重要的。

在演讲中，对齐通常与项目符号有关。标题通常被认为应该在其他项目符号的左边。这使听众能够知道什么信息最重要。虽然很多人讨厌项目符号，但在设计演讲时文本或物体不同的对齐会非常有价值，尤其是当你想区分主要观点和次要观点时。聪明地使用项目符号，一张幻灯片上有 10 个项目符号肯定比只有一个项目符号更难理解和掌握。

大小和粗细是同一枚硬币的两个面。大小涉及物体或文字的不同尺寸，粗细通常与文字的粗体相关。这可能意味着为了区分文字，要么使用同一字体的两个版本，要么使用不同的字体。有两个人人都懂的简单等式：大 = 重要，小 = 不太重要。幻灯片上的文字或物体越大，它在视觉上承载着的重要性就越大，听众的目光会最先被它吸引。很简单，对吗？你可以用不同的大小和粗细从视觉上对最重要的信息和不太重要的信息进行区分。

最后，物体或文字之间的间隔也是设定层次的一种方法，聚集在一起的物体彼此之间一定是有联系的。

从我们的经验来看，层次是演讲设计中最容易被忽视的方面。很多人知道如何使用图片、图形、色彩和文字，但大多数人不知道如何组织它们。在我们听过的最糟糕的演讲中，普遍的问题是信息过多，或者无法分辨哪些信息重要。作为演讲者，你希望你的演讲对听众来说容易理解。听众在理解你的演讲上费的力气越小，他们越能记住你的演讲。并不是说你不想引发他们的思考，而是不希望他们需要整理你混乱的演讲才能发现你的核心观点。把你的信息分层组织会使你自己受益，但更重要的是，会使听众受益。

设立层次的第一个建议很简单：选择一种层次。第二条建议是很好地执行它。如果没有演讲者提供参考框架，那么不同的视觉层次会彻底改变你想表达的主旨。让我们来看几种建立层次的方法。我们分别讨论了各种因素，但需要把它们放在一起查看。以下有几张幻灯片的示例，它们以完全不同的方式展示了相同的信息。

我们所做的事情
讲故事
设计
训练
视频

示例1

所有文字的大小，线条的粗细都相同，都是左对齐。

我们所做的事情
讲故事
设计
训练
视频

示例2

通过颜色、线条粗细和大小来区分标题和次要观点。

我们所做的事情

讲故事

设计

训练

视频

示例3

我们在标题和罗列的项目之间增加了间隔，把人们的注意力先
吸引到标题上。第二层的信息缩进，进一步与标题相区分。

我们所做的事情
讲故事
设计
训练
视频

示例4

通过大小、线条粗细和颜色把观看者的目光首先吸引到标题下
方的列表上。如果所有内容都居中，标题最不引人注意。

我们所做的事情

讲故事

设计

训练

视频

示例5

利用颜色和大小把注意力吸引到列表中的一个项目上，这可以告诉听众你讲到什么地方了。

我们所做的事情

讲故事 | 训练
设计 | 视频

示例6

这张幻灯片运用了间隔。列表中的两个项目被置于一条竖线的一侧,另外两个项目被置于另一侧。这种安排会使听众有意识或无意识地把这些项目分成两组。

在考虑如何区分层次中的不同事物时，你要记住你不需要使用我们所展示的所有方法。"为了创建简洁优美的标志系统，文档的每一个层级不要使用 3 个以上的提示信号。"[1] 选择你在整个演讲中要使用的方法并贯穿始终，这样听众在看过前几张幻灯片后就会明白你演讲的层次关系。

在制作幻灯片时，你能够影响人们阅读文字的顺序和记住它们的可能性。在前面的例子中，不同的层次给予信息不同的意义、不同的重要程度，或者将信息分成不同的组。使用其中的一些方法来组织你的信息，这会增强演讲的效果。筹划一下你想让人们先注意到什么，你最想让他们记住什么。视觉层次只是管理演讲设计与听众之间关系的另一种方法，围绕这条原则组织你的信息，你会比很多演讲者领先一步。

---

[1] 资料来源：Ellen Lupton, *Thinking with Type.*

字体

在决定使用什么文字和字体时，你不能只考虑看起来怎么样，这些决定会影响听众是否能有效地阅读并理解你所展示的信息。以下是一些关于决定使用什么字体的建议。

字体

当打开演示文稿程序，你可以选择使用带字体的预装的设计，也可以选择你喜欢的字体。字体是一种图形化的方法，运用字体的目的是在每天数百万的演示中脱颖而出，而且是以好的方式脱颖而出。

2012 年 7 月 4 日，两个话题在网络上很流行，一个是希格斯玻色子，另一个是 Comic Sans 字体。那一天对物理学家来说棒极了，而对字体爱好者来说却糟透了。欧洲核子研究组织（European Organization for Nuclear Research）的科学家宣布发现了希格斯玻色子，也被称为"上帝粒子"，这一重大发现将"打开物理学一个全新领域的大门"。[1] 那天字体爱好者谈论的是

---

[1]　资料来源：Ian Sample, *Higgs Boson: It's Unofficial! Cern Scientists Discover Missing Particle*, http://www.theguardian.com/science/2012/jul/04/higgs-boson-cern-scientists-discover.

在宣布这一发现的演讲中所使用的令人讨厌的 Comic Sans 字体。之后网友们发了很多搞笑的推特，演讲的截屏像病毒一样广为传播。如果有人说选择字体并不重要，你就给他们讲这个故事。虽然这会使更多的人关注这项发现，但都是因为糟糕的字体，所以帮你自己一个忙，不要成为笑柄，选好字体。

字体还有助于你强化主题或故事给人的感受。字体有很多种，我们会聚焦于两种主要的字体——衬线字体和无衬线字体。衬线字体的特点是在字母笔画的末尾有一条短线，传统的衬线字体会使文字显得稳健保守。无衬线字体没有那些短线，它给予文字现代感。因为无衬线字体更易于阅读，因此也被用于需要强调的文字。衬线字体和无衬线字体的各种类别不一定固守着这些普遍特征，可选的字体种类很多，它们适合于不同的演讲。

那么你应该用哪种字体？你使用的演示文稿程序会提供一些最初的选择，PPT 提供的字体是也用于微软其他办公软件中的字体。Prezi 是云端的演示文稿工具，它有一套精心挑选出来的字体。你当然也可以找你想用的其他字体，这可能会花更多时间，也会造成某些格式问题，但不落俗套会使你脱颖而出。

你可以通过网络资源下载一些定制的字体，比如 UrbanFont、Lost Type 或 FontSquirrel。不过定制的字体不能适用于所有的演示平台，而且你必须把字体下载到你所使用的电脑上，如果字体下载不当，幻灯片看起来会有点怪。只要你留心这些问题，定制字体真的会让你的幻灯片引人注目。以下是大鱼演讲公司最喜欢的一些字体，有些是付费的，有些是免费的。

— 付费的 —

Futura

Gotham

Helvetica Neue

Avenir

Akzidenz-Grotesk Condensed

— 免费的 —

BEBAS NEUE

Roboto

Merriweather

FRANCHISE

Mission Gothic

　　可选的字体有上千种。如果你代表你的公司做演讲，那么请选择公司确定用来代表公司品牌的字体。如果你可以进行创新，注意在整个演讲中，使用的字体不要超过3种。不同的字体有助于形成层次，但是字体太多会让听众感到混乱，简单最好。

　　最后，你要记住字体发挥着非常重要的作用，而它的易读性是最重要的。选择容易辨识的字体对听众是有益的。幻灯片的作用是演讲的参考，在其他情况下，它可能是读者浏览信息的主要指南。

文字的大小

　　还记得催生大鱼演讲公司的那场可怕的演讲吗？每张幻灯片都有20条要点，字体为8磅，一张上面恨不得有几百个字……永远不要这样对待你的听众。

　　很多演讲者把幻灯片当拐棍，用幻灯片来弥补他们在演讲上的欠缺。他们会把每张幻灯片都写满信息，这样他们就可以照着读出来。当你不再把幻灯片当拐棍，开始思考它对听众具有的影响时，你会意识到简单最好。我们会用例子解释我们的观点。

　　方法1和方法2都是把信息分解成容易理解的小部分的好方法。但是你要注意，如果你选择方法2，也就是拆分幻灯片，那么幻灯片的数量会变得多很多，完成整个演讲会更困难，但这能

建立认知度

- 演讲中用的字体可能是听众记住最多的视觉资料。
- 你希望听众记住公司的品牌。
- 好的字体选择为整个演讲设定了基调。
- 字体可以成为你的公司令人难忘的标志。
- 它可以成为观看者反复辨认出来的事物。

示例

这张幻灯片上有83个字号较小的字，如果你坐在会议中听演讲，是否会耐心把它们读完？不会，任何人都不会，你要把注意力放在演讲者身上。

建立认知度

字体是令人难忘的，能够代表你的品牌。让字体奠定基调。

方法1

做简单的陈述，你来解释，而不是让幻灯片替你做解释。

② 建立认知度 ．．．．．．．．．．．

方法2

另一种方法是把信息分解成较小的、容易理解的部分。看一看
接下来的3张幻灯片。

你在演讲中用的字体可能是听众记住
最多的视觉资料。

方法2 (续前页)

3个主要论点中的每一个都自成一张幻灯片。演讲者有充足的时
间解释每个论点，而且听众会只关注那一个论点。

你希望听众记住公司的品牌。

这对演讲者来说可能不容易做到，但最方便听众理解信息。

好的字体选择为整个演讲设定了基调。

方法2 (续前页)

这样做还能减少混乱，为值得注意的图形或照片留出空间。

避免听众的信息过载。每页幻灯片保持 20 个词以下，通过限制字数，你可以使要表达的思想变得有力。把复杂的观点简化为容易理解的信息片段是传播者能够学到的最有价值的技能。

示例中另一个值得注意的方面是字体大小的改变。第一张幻灯片的字体很小，其他幻灯片采用了较大的字体，大约 30 磅或者更大，听众阅读起来会更容易。就像字体的选择一样，在决定文字的大小时，易读性最重要。

有时候你想在幻灯片里放入多一点的信息，这没问题。当幻灯片的内容被发送给相关人员，作为信息性文档时，只要听众有时间坐下来细细阅读，那么它就不会造成信息超载。同样的，如果幻灯片可以通过网站（比如 SlideShare①）被浏览，那么幻灯片的信息多是有益的。全世界的人都可以把自己的演讲上传到 SlideShare 上，它是演讲的优

兔网站。当用户浏览这样的网站时，他们有时间按照自己的节奏消化理解这些信息。在以上两种情况中，幻灯片是信息传递的焦点，这不同于实际的演讲，在演讲中演讲者是焦点。

布局

在设计文字的布局时，考虑使用空白，想一想单调对你的幻灯片会有什么影响。

空白就是幻灯片上没有被文字、图形或照片占据的部分。留有空白会让你的幻灯片看起来不那么拥挤或混乱。空白的运用还可以避免文字太多的问题。文字太多一方面显得沉重，另一方面会在演讲时分散听众的注意力。空白还可以为你的设计提供视觉架构。很多人使用事先做好的模板，模板上有图形元素，定好所有信息的位置。空白是达到相同效果的一种方法，而且非常有

---

① 网址：SlideShare.net.

效、简单、清爽。

空白有助于把听众的注意力集中到重要的观点上，而我们在布局上的第二个要考虑的事情——单调，却是注意力杀手。

如果没有诗人，没有艺术家，人类会很快厌倦大自然的单调。

——纪尧姆·阿波利奈尔
（Guillaume Apollinaire）

为了避免单调，不要每页幻灯片都使用相同的布局，有点创意，用文本的层次区分出你认为最重要或最有影响力的幻灯片。

做一些调整就能让听众始终全神贯注，让他们猜想下一张幻灯片会展示什么。

——

明智地使用空白，用各种方法避免单调，这样你制作的幻灯片不仅易于阅读，而且令人难忘。

插图

**照片是唯一在全世界任何地方都能
被读懂的语言。**

——布鲁诺·巴贝（Bruno Barbey）

照片

照片是一种非常好的讲故事的方法，通过一张照片，有可能理解整个故事。

一张极具影响力的照片会给观看者留下的不只是情感，还有故事和事件的意义。虽然演讲中的照片不可能每张都有影响力，但好的照片有助于演讲者讲出有意义且令人难忘的故事。

找照片

好照片很难找。有两种得到好照片的方法，第一种就是自己去拍。

我们并不是建议你成为专业摄影师，但我们非常喜欢能代表你的故事和经历的照片。我们认为这能给演讲锦上添花，因为照片能让听众有身临其境之感，使他们更投入。然而这并不适用于所有类型的演讲，但如果你有创意，便会发现很适合在演讲中加入照片的情况。

非营利性组织水慈善（Charity: Water）的创始人斯科特·哈里森（Scott Harrison）做过一个演讲，很好地例证了照片如何有效地说明了你的故事。[①] 在 2012 年巴黎举行的 LeWeb 大会上，他讲述了他人生中的重大改变以及创立水慈善的故事。他谈到自己原来是个俱乐部推广专员，并用当时的照片来说明那段生活。接下来他描述了改变人生的经历，他作为摄影师志愿来到非洲，记录因饮用污染的水而导致的婴儿畸形。看到那些可怕的影响之后，他创办了水慈善。他用照片记录了自己的人生转变以及他的慈善工作在改变世界方面做出的卓越贡献。斯科特是非常优秀的演讲者和故事讲述者，但正是他的照片使听众沉浸在他的故事中。我们不可能都是专业摄影师，但同样有机会记录生活中的重要经历。

第二种方法是使用其他摄影师的作品，无论是直接找摄影师要，还是通过出售图片库的商家获得。搜索图片收藏库的收藏是一种非常省时和简单的方法。当你准备一场演讲时，你需要考虑

肯尼的建议

对于企业演讲、销售演讲和投资演讲，我建议使用你或你的公司拍摄的照片，而不要用图库中的照片。交易是人与人之间的，听众更容易和真实的人建立起联系，而不是和照片中随机的模特。不要害怕展示真实的你。

的事情非常多，时间极其重要。然而如果不能正确地使用图片库，你会面临一大堆问题。让我们来详细探讨一些最严重的错误以及补救它们的方法。

很多业余演讲者常常会忽视照片的质量。他们通过搜索引擎查找到照片，然后复制粘贴到他们的幻灯片上。这不仅有可能因为未经允许使用他人的摄影作品而惹上麻烦，而且你找到的照片

---

① 资料来源：From the vimeo video, https://vimeo.com/112727142.

示例1

这张幻灯片采用了高品质的照片。

示例2

低质量的照片分散了人们对信息的注意力。

可能分辨率和像素太低，如果人们看不清照片在说明什么，他们就无法理解你的演讲主旨。当听众努力分辨你在给他们展示什么时，照片其实成了分散注意力的东西。

这两张幻灯片说明了低质量照片会对演讲产生什么影响。例1很清晰，照片展示了非洲的美丽风光；例2非常像素化，都是马赛克，扭曲了照片的细节。低质量的照片还会破坏你的可信度，它暗示你没有花足够多的时间寻找适当的视觉资料，或者对工作没有一丝不苟。

在有些情况下可以使用像素化的或低质量的照片，而且依然能达到令人难忘的效果。当你用老照片讲述自己的经历或某个历史时刻时，你不需要修饰照片，听众明白为什么照片的质量不是很高。

回想你曾听过的非常无聊的一个演讲。还记得一位商务人士伸出手准备握手的幻灯片吗？还有典型的竖着大拇指的幻灯片？

我们也记得这些看过太多次的陈词滥调的照片，这类照片在如今的营销中非常猖獗。你可以在成千上万小企业的网站上以及业余演讲者的演讲中看到这些照片。在为你的演讲找照片的时候，不要执着于那些惯用的照片。如果你用的照片听众以前已经看到过很多次了，那么这比不用照片更糟糕。如果你想用照片，尽量不要以肤浅的方式来表现你的理念，找到你想表达的内容的核心，不要用经典的流行词。看一看这两张幻灯片。例1用的是我们看过无数遍的素材照片，搜索"商业增长"这个词，它是排在最前面的照片之一。手指指着代表增长的典型的业务分析图，背景中大陆的地图象征着新市场。这很容易理解，而且具有相关性，但它被用滥了。

但是如果美国得州的奥斯汀代表了增长最快的市场，那么应该像例2那样用这座城市地平线的照片来突显它。这张照片不仅简单、相关，而且针对你的演

示例1

这是陈词滥调的照片的象征。

示例2

这张照片比较容易引起共鸣。

讲。

在找照片的时候，小心那些看起来太刻意安排的照片。我们都见过白背景上有一个人或一个物体的照片，而刻意安排的照片会给人不真实的感觉。在大鱼演讲公司，我们喜欢用与故事相关的真人、真事的照片，但不一定总能找到这类照片，你可以用看起来比较自然、比较容易引起听众共鸣的照片来补救。

想着所有这些规则，那么到什么地方寻找高品质的照片呢？大鱼演讲公司利用素材照片网站，比如 iStock 和 Shutterstock（在本书末尾你会看到更多的照片资源），它们有几千张原始照片，可以让你的演讲脱颖而出。

另一个有助于演讲者找到独特照片的比较新的资源是 Offset。[①] 它是 Shutterstock 的子公司，是素材照片方面的新生力量，它

收集了全球大量获奖艺术家的作品。尽管比其他一些资源的价格高，但这个网站拥有美照的数据库，可以帮助演讲者通过照片讲述他们的故事。

对于软件和社交媒体行业的演讲者来说，uiFaces 和 Placeit 是两种非常棒的工具。uiFaces 是提供头像照片的网站，可以用于用户界面模型和真实的网站（商业用途的照片只能从经过授权的部分获得）。[②] 这样你的幻灯片就可以展示"真人"的照片了，而不是典型的素材照片。你可以将这些头像照片用于产品展示或社交网络展示。Placeit 对 App（应用软件）开发者来说是非常棒的工具，因为这些开发者需要把应用或网站的截屏放到画框、平板电脑或台式机的照片中。[③] 它是一种快速而完美的方法，不必使用复杂的设计程序。

---

① 网址：offset.com.

② 网址：uifaces.com.

③ 网址：placeit.net.

示例1

这张照片显然是有意摆拍的。

示例2

这张照片让人觉得比较真实自然。

使用照片

你决定把已经被用滥的剪贴画换成令人难忘的照片。你有很多信息要传递，但选择用一张照片来表达，这些都是良好的开端。演讲者可能会为幻灯片找到吸引人的照片，但如果使用不当，同样会破坏照片的效果。当在演讲中突出地展示照片时，我们要知道几个重要的因素。

摆放与边框

很多演讲者就那么不假思索地把照片摆在幻灯片上。我们喜欢赋予照片一些目的。方法之一就是给照片加上边框。边框在视觉上框住了照片，使它更容易被看到。看一看下面的前两个例子，这两张幻灯片都采用了相同的照片，但有带边框照片的幻灯片显得更有目的性。很多著名的展示平台有边框的选择，使你可以给照片加边框，我们认为这给予了照片目标感，让人觉得你是特意把它放在那儿的。

另一种摆放照片的方法是采用全出血。"全出血"是一个设计术语，意思是用图片填满整个空间，压住边缘，这样听众能够看到照片的细节。如果看到细节能够促进理解，如果照片是演讲中的重要论据，你就应该采用全出血的方式。

示例1

没有边框的照片。

示例2

有边框的照片。

示例3

有全出血照片的幻灯片。

与其他照片或文字的相互影响

在设计上最不能忍受的事情之一是混乱。"我们为这次演讲准备了 20 张非常棒的照片，让我们把它们都放到幻灯片上吧。"就像信息超载一样，演讲者也有可能做出图片超载的幻灯片。我们经常碰到非常喜欢他们挑选的照片的演讲者，他们不愿只放一张，而是想把 10 张照片都放在一张幻灯片里。没人能把所有照片都细细看完，这样每张照片的美好和影响力就打了折扣。如果所有照片都很重要，那么把它们分散到多张幻灯片上。如果照片不是非常必要，就选择最能反映你想表达的意思的照片，这样听众能够把照片看得很仔细，能够领悟你如何用它来表达你的观点。

技术公司没有在发展

示例1

这张幻灯片上的照片太多了。

文字与照片的结合是另一个难处理的方面。在这种情况下，你不仅需要避免图片超载，还要避免信息超载。注意你的幻灯片设计不要妨碍了受众对幻灯片的理解，降低它的影响力，否则会使受众更容易分心。

在幻灯片上输入文字时，无论有没有照片，都要尽量精简。当把大量文字放在照片上方时，文字不仅会造成信息超载，而且会成为一种很难阅读的视觉干扰物。

示例2

只用一张照片表达你的观点。

三分法

最重要的原则之一是三分法 ①，也就是用 3 条横线和 3 条竖线，把照片分成由 9 部分组成的网格。当你把照片或幻灯片分成 9 个部分时，幻灯片上会出现一些吸引视线的点。根据这些点来安排文字，因为你知道听众的目光会被吸引到幻灯片的那个区域。来看以下两个例子，学习它们是如何运用三分法的。

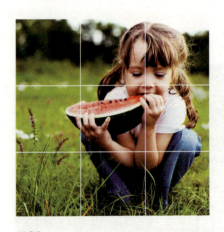 

示例

以上是摄影师如何用三分法来吸引目光的两个好例子。

---

① 资料来源：Garr Reynolds, *From Golden Mean to "Rule of Thirds,"* http://www.presentationzen. com/presentationzen/2005/08/from_golden_mea.html.

示例1

这张幻灯片使用的图标太复杂。

示例2

使用简单的图标能够促进理解。

图标

用插图来传递观点的另一种好方法是图标或图形。像照片一样，图标可以替代俗气的剪贴画或大量文字，它是用图形的方式来表征一个概念或观点。

我对照片的大多数建议也适用于图标：它们应该具有高品质，应该真实、相关。不过我们还有一条建议：用简单的图标。很多人犯的错误是使用太复杂的图标，这样他们要表达的信息就会被弱化。

在我们提到过的图片库网站上，你可以找到各种图标和图形，但其中有些是向量格式，目的是方便设计师使用，如果你不是设计师，便很难用这类文件取得高质量的图标。非设计师和设计师都可以使用的一个免费工具是 Captain Icon[1]，用户可以免费获取 350 个图标，可以下载成 png 格式和向量格式。另一个免费的好工具是 Iconion[2]，非设计师可以用它创造出不同类型的图标，找到适合他们的演讲的设计风格。Prezi 也是很好的图标库，这些简单的图标可以被用在程序中。记住要考虑到功能性和简洁性，确保你选择的图标和你使用的程序兼容。

---

① 网址：http://mariodelvalle.github.io/CaptainIconWeb/.

② 网址：http://iconion.com/.

动画

动画

如果每个人都像皮克斯动画工作室（Pixar）的动画师一样有才，岂不是很棒吗？想象一下你的演讲像《玩具总动员》（*Toy Story*）或《海底总动员》（*Finding Nemo*）一样吸引人。但事实是我们不是皮克斯公司的动画师，你也不是（除非你恰好是皮克斯公司的动画师）。演讲中动画的部分会让演讲更具吸引力，也会让你显得与众不同。动画能够提升演讲的美感，有助于听众理解要表达的内容。在诸如 Keynote 和 PowerPoint 这类演讲平台上有很多种动画组合，有些平台，比如 Prezi，则以完全不同的方式运用动画。我们会探讨几个我们最喜欢的动画例子以及一些重要的禁忌。

流程

我们认为应该把复杂的事物分解成最简单、最容易理解的形式。当你可以用动画来说明流程的每一步时，你会使它更容易理解。

假设你有一个复杂的流程，你把它简化为流程图或流程的视觉资料。一种方法是把每一个部分分别做成动画，探讨每一个步骤，通过这样做，听众能了解你讲述的那些步骤，并能了解所有步骤在一个流程中的最终结果。

用动画来说明流程或时间线

流程1

这个动画展示了一家商店如何……

流程2

……促进了社区的发展。

会使幻灯片的效果更好。

对比

用动画表现重要的对比。例如，假设一项计划有一些非常重要的目标，用动画和你在有关层次的部分学到的工具突出你所探讨的每个要点，改变颜色、大小和间隔来突出某些信息。

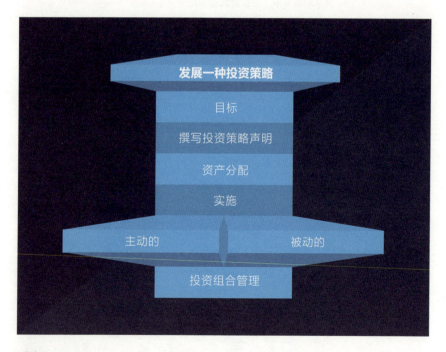

对比1

如果你有一系列目标，用动画进行对比可以把注意力吸引到某个要点上。

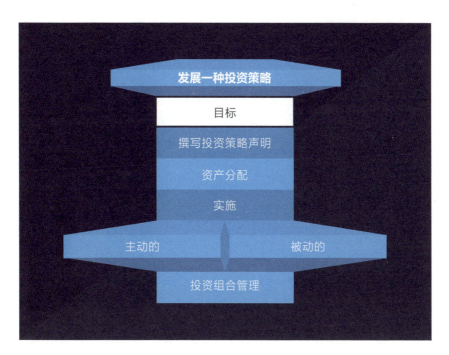

对比2

这张幻灯片用不同的颜色突出了讨论的焦点，这使听众知道应该把注意力集中在什么地方。

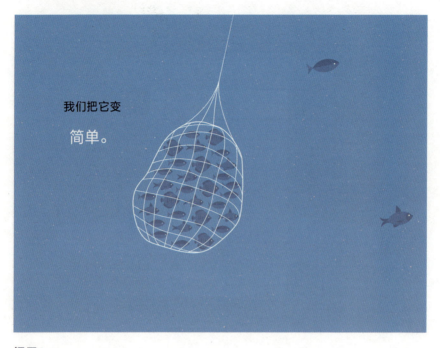

我们把它变

简单。

揭示1

这是Prezi的一个截屏，是我们为大鱼演讲公司制作的。鱼代表观点和想法，网比喻的是大鱼演讲公司如何整合并改进这些观点和想法。

揭示

　　我们喜欢用演示平台 Prezi 做重要的揭示。这是一种形象的方法，引导听众浏览一些幻灯片，然后镜头拉远，展示"全局"。其他演示平台也可以用图来说明这种揭示，但 Prezi 的画布风格为你提供了吸引人的方

让大鱼演讲公司帮助你。

揭示2

镜头拉远，我们展示了大鱼演讲公司在捕捉所有好想法、好观
点。Prezi是实现大揭示的理想平台。

式。在 Prezi 中，我们用鱼来比喻观点和想法。在我们做的幻灯片上有一张网网住了一些鱼，然后镜头拉远，可以看到网被一艘船拖着，这艘船代表大鱼演讲公司。一开始先展示某个元素，然后镜头拉远，展示全局。

切换

"嗖"——爆炸——"砰"。从这个过程你能看到演讲中切换的一种形式。自从 2000 年后,幻灯片中糟糕的切换一直烦扰着听众。

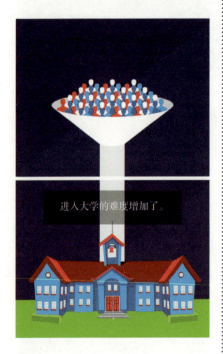

切换

第一张幻灯片提出了概念,用推出的切换方式给人一种幻觉,好像两张幻灯片是连续的一幅画。

在使用 PowerPoint 和 Keynote 这样的平台时,我们偏爱"淡出"和"推出"这样的切换方式。"淡出"是一种简单而优美的从一张幻灯片切换到下一张幻灯片的方式。在电影中导演有时也会选择逐渐淡出的方式来转换场景,而不是用生硬的切入,基本原则是一样的。"推出"的方式让人感觉下一张幻灯片与前一张幻灯片是连续的。

分散注意力

我们看到很多使用切换和动画的演讲者最终事与愿违,幻灯片的切换和动画把听众的注意力从内容上吸引开。为了避免这种情况,你需要问自己两个问题。

是不是太多了?

假设你的幻灯片上有 5 个设计元素:一个标题和两部分文字,它们分别用文本框框住。你想把每个元素都做成动画,一个动完另一个动,听起来不错。但如果你把这种方式用在 20 张幻灯片上，这样 5 个动画元素乘以 20 张幻灯片就是 100 个动画，明显太多了！如果你想让人们注意你的演讲，而不是你身后 100 个动画元素，你应该意识到他们的注意力会被那些动画分散，不能专注于你在讲什么。要少量、小心地使用动画，否则会很容易造成受众的视觉超载。

切换也是如此。不要每张幻灯片都使用切换效果，预览你的幻灯片，确保焦点在你要表达的观点上，而不在幻灯片的切换效果上。

是不是太夸张了？

如果你从来没有问过自己这个问题，答案很可能是"是的"。演讲平台提供了很多讨人喜欢的切换效果和动画的选择，但也有很多糟糕的切换效果和动画，请远离夸张的 3D（三维）动画切换和太复杂的动画效果。

肯尼的建议

如果你决定不了什么样的切换效果组合是恰当的，那么就完全不要用。这样你可以避免把自己的幻灯片搞得太复杂，避免分散听众对目标内容的注意力。如果你的幻灯片已经设计得很好了，人们不会觉得没有切换效果是缺欠。

视频

人们非常喜欢视频。在演讲者想方设法不断吸引听众的过程中，我们看到使用视频的情形在急剧增加。在全球产品发布、小型推销演讲、励志演说等各种演示、演讲中，我们都可以看到这种情况。当看到在演讲者登上讲台之前，苹果公司播放新 iPhone 手机炫酷的宣传视频时，你会想到自己该如何利用视频吸引听众。

与照片一样，只有两种获取视频的方式：自己制作或用别人做的视频。无论哪种方式，在演讲中使用视频都需要注意以下几点。

听众的注意力会从你身上转移开

如果这有助于阐释你的论点，如果你不介意演讲被打断，那就没问题。你的视频一定要简短，留心听众是否依然在津津有味地看视频。虽然采用 10 分钟视频的演讲不一定不是精彩的演讲，但我们不建议你这样做。

时间选择是关键

视频最好被用作开场白或结语。有力的开场白会为接下来的演讲设定基调，有助于听众保持兴趣盎然的状态。当你用视频作结语时，记住这会是留给听众的最终印象，所以一定要确保它是很重要的。

优秀的演讲者并不一定只限于在开始或结尾时使用视频，但

在演讲中间使用视频一定要小心，它有可能破坏你演讲的势头，使转回到演讲中变得比较困难。请选择最有利于演讲推进的视频。

一定要相关

如果你专门为演讲制作了一段视频，那你不用担心这个问题，但是如果你采用别人的视频，很可能这段视频会稍微偏离主题。确保你选择的视频与你的主题相关，并且对演讲有提升作用。

诉诸情感，考虑到美好性

细心挑选你的视频。就像照片一样，视频能生动有效地传递重要的信息。

美好性不只涉及视频的品质或图片的清晰性，你要有创意。在 2012 年谷歌 I/O 大会上，谷歌公司没有播放谷歌眼镜的视频，而是安排工程师戴着谷歌眼镜在旧金山上空跳伞，一路通过它进行"视频直播"，一直降落到会场的屋顶上。只要发挥创意，你利用视频的方式就可以实现为听

众创造难忘体验的目的。

视频与演讲

肯尼通过亲身经历认识到，当在演讲中使用视频时，做准备是多么重要。他曾决定在演讲中使用一段事先录好的视频，视频展示的是当他在台上被介绍时他的应对之策，看起来就好像他在和介绍他的人进行视频聊天。这个想法从理论上看很酷，不过他从中吸取了两个重要教训：

- 排练。如果使用视频，一定要练习视频与演讲的过渡。
- 对场地有所考虑，这是一件很重要的事。你不一定总能事先看到你要做演讲的地方，但你应该尽量试试。如果肯尼在演讲前看到了会场，他就会知道他走进房间的角度看起来很尴尬，而且播放视频的屏幕很小，没法让所有受众都看到。当这些不幸的事情发生时，你计划中很酷的视频最终会破坏演讲，让受众觉得不舒服。

遇到事故时要做出调适。肯尼泰然处之，继续他的演讲。优秀的演讲者能够根据任何情境调整他们的演讲材料（内容、设计、演讲），把自负放在一边，为了最好的演讲效果而做出必要的改变。

肯尼的建议

在演讲中使用视频时，不要只考虑 PowerPoint 和 Keynote。我在开场幻灯片中使用了大鱼演讲公司动画商标的视频（当你自己开演讲公司时，人们都期待着被你的演讲所震撼），通过增加一个视频元素，你做的演讲幻灯片里就会有传统 PowerPoint 实现不了的动画片段。担心自己不是动画师或录像制作人吗？没问题。像 Animoto（比较容易）和 Animatron（比较难，但定制化程度可以更高）都是很好的工具，能帮助你制作动画视频。

数据

数据无处不在

在探讨设计演讲内容时，我们谈到过数据，我们谈到如何把数据从单纯的统计数字转化为与听众相关、能引发他们情感的东西。在这个部分，我们将告诉你如何把原始数据转化为有影响力的图像。我们将探讨把数据变得意义。

数据无处不在，我们无时无刻不在以各种形式消费着数据。每个推特转发、"点赞"、状态更新和分享新闻都是一条数据。对于想用数据来产生影响的人来说，把数据直观化变得越来越重要。

如今的很多演讲是基于数据或者包含数据的。首席执行官展示第一季度结果，年轻的企业家向风险资本家推销自己下一个宏伟计划，广告代理商讲解新广告的受众接受情况，所有这些都需要用到人们的逻辑或理性。每个演讲者都希望给听众呈现事实，通过逻辑说服他们。使用统计数字是一种有效的说服方法，但不是唯一的方法，人们需要以形象生动的方式呈现这些信息。我们不希望听众只是听懂了这些数据，而是希望他们理解数据背后的故事，这就需要对数据进行直观化了。

使你的数据形象直观

如何将推特汇集整理，转化为有说服力的图形，以展示 2014 年被谈论最多的新闻？你可以制作图表、树形图或通过其他视觉形式，把数据转化为其他容易理解的东西。

戴维·麦坎德利斯（David McCandless）在 2010 年有关数据直观化的 TED 演讲中谈到了"使你的信息有意义"。[①] 在演讲的一开始，他说我们在全世界花了数十亿美元，但似乎没有人知道如何把这么大的数字转化成每个人都能理解的东西。他用树形图来表现不容易理解的重要的统计数据。树形图显示美国给其他国家捐助了 3 000 亿美元，它和其他 17 个领先的工业化国家总共捐助的 1 200 亿美元的比较一目了然。树形图还包括其他媒体曾经讨论过的大笔金额，这样你不仅看到了数字，而且可以看到与其他数字相比它们是多么巨大。

"我们需要与其他数据相关的数字，这样我们才能有更全面的了解，然后我们的看法才会改变。"戴维·麦坎德利斯说。这就是演讲者要尽力做的事情，我们努力用我们的讲述创造改变，改变听众的观点。

图表、图形和其他听起来不太酷的东西

有什么方法可以把数据转化成看起来令人难忘，又有意义的视觉资料呢？作为演讲者，我们组织数据的典型工具包括 PowerPoint、Excel、Pages 和 Numbers。我们可以选择各种直观化的类型，比如条形图、线状图、饼图等。我们不是基于哪种方式最好看而做出选择的，而是基于哪种方式能最好地呈现我们的数据。

以下是采用几种主要图形的一些建议。

[①] 资料来源：David McCandless, *The Beauty of Data Visualization*, http://www.ted.com/talks/david_mccandless_the_beauty_of_data_visualization#t-101034.

7 260亿美元
美国国防预算

3 000亿美元
使10亿人摆脱极度贫困（估计值）

610亿美元
中国

600亿美元
英国

360亿美元
沙特阿拉伯

250亿美元
印度

7 800亿美元
石油输出国组织的年收入

4 050亿美元
沃尔玛年收入

30亿美元
石油输出国组织的气候变化基金

1 990亿美元
美国政府赤字每年的利息

130亿美元
沃尔玛的利润

600亿美元
易趣网商品总金额

500亿美元
麦道夫的庞氏骗局金额

3 080亿美元
2008年美国人的慈善捐款

3 710亿美元
华尔街2009年收入

1 140亿美元
分红

310亿美元
利润

2 270亿美元
非洲债务

30 000亿美元
伊拉克及阿富汗战争的总成本（估计值）

400亿美元
比尔·盖茨的资产净值

210亿美元
拯救亚马孙雨林

1 470亿美元
帮助发展中国家对抗气候变化

2 060亿美元
大烟草和解协议

2 390亿美元
英国石油公司年收入

310亿美元
漏油清理

310亿美元
漏油罚款

130亿美元
利润

3 520亿美元
非法药物的利润

2 270亿美元
苹果公司的市值

1 960亿美元
谷歌公司的市值

2 260亿美元
微软公司的市值

4 680亿美元
美国2005年药物滥用（酒精、麻醉剂、吸烟）基金

1 480亿美元
与肥胖相关的疾病的花费

条形图

当比较几个不同数据组时，条形图能够很好地表现比例。让我们来看一看在当今社会中具有核心作用的一些数据：动物趣味视频。

这幅条形图清楚地显示猫咪视频是最受欢迎的动物趣味视频（不过我们已经知道这个结果了）。条形图还可以说明趋势，以及跨时间、跨因素的趋势差异，但其他图形能够更清楚地表现趋势。

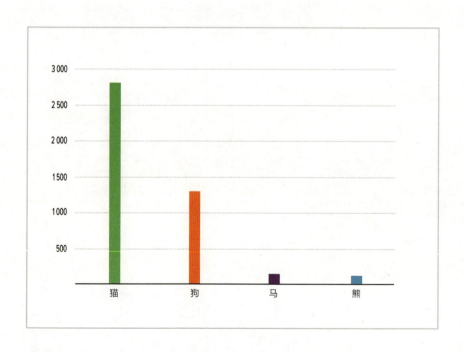

条形图

2013年人们在谷歌上搜索猫、狗、马、熊视频的次数。

线状图

线状图更适合展示趋势，因为它们不像条形图那样给你显示单个的数据点，而是表现所有数据点之间跨变量（比如时间）的关系。

这张图表依然表现的是动物视频数据，但它体现的是跨时间的趋势。前面的条形图描绘了各种不同动物视频的搜索数字，得出了猫视频最受欢迎的结论。在条形图中时间并不重要。而线状图表现的是各个时期之间的数字关系。我们再一次看到猫和狗的视频比其他非典型宠物的动物视频受欢迎得多，因为某种原因，猫在假期会变得更受欢迎（很可能是因为它们在节日毛衫上超级萌）。

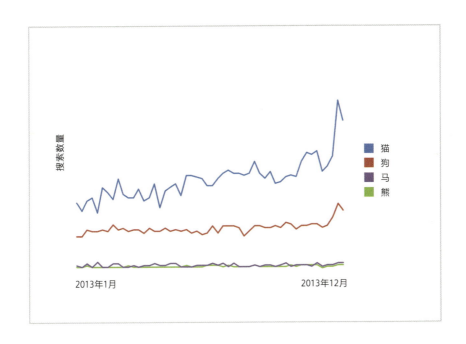

线状图

这幅图表现了2013年1~12月的数据。

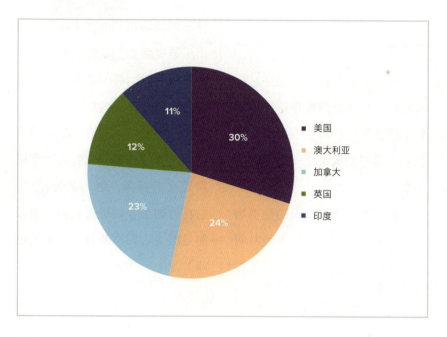

美国
澳大利亚
加拿大
英国
印度

饼图

按国家划分的搜索数量百分比。

饼图

饼图被用于比较数据组中的比例。你可以选取某事物完整的样本，把它分解成各个组成部分。

在这里我们把数据分解为不同国家搜索数量所占的百分比。我们可以操纵数据，用很多种方式来呈现信息。

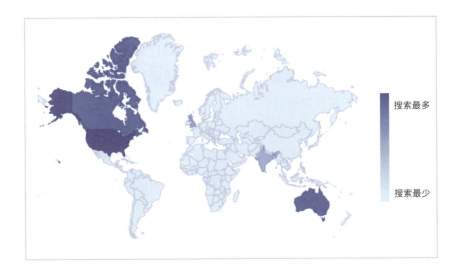

地理可视化

这幅图显示了各个地区猫视频的搜索量。

其他类型

树形图是表现比例、让人清楚地认识数值的另一种好方法。在演示平台上树形图不是一种典型的图形，但微软办公软件和一些网站上的插件能帮助你制作树形图。还有一种观察数据的好方法是运用地理可视化，你可以在地图上分布各个数据点，体现地理位置或分区的数据比例。

这幅图表现了不同地区的人们在谷歌上搜索猫咪趣味视频的兴趣，其中颜色越深的地区代表搜索数量越多。

流程图是解释流程的一种方法。就像图形的目的是使大量数据变得易于理解一样，流程图可以用来把复杂的流程变得更容易理解。

查看你的选择，确保你选择了能够最好地表征数据的直观化方法，问自己："这个图代表了我想说的话吗？"

信息图时代

把数据转化为能够激发、创造改变的视觉资料比以往任何时候都更重要。我们生活在媒体加速发展的时代，重要的不仅是你提供信息的质量，还有速度。这推动了信息图的兴起。

一流的信息图博客 Visual.ly 对信息图的描述如下 [①]：

- 可视化能够快速、清晰地呈现复杂的信息。
- 可视化能够整合文字和图形，揭示出信息、模式或趋势。
- 视觉资料比单独的文字更容易理解。
- 视觉资料既美观又有吸引力。

我们想指出一个重要的词——快速。信息图是快速描述数据中的模式和趋势的方法，以这种方式呈现信息非常理想，它有助于受众记住这些信息。

信息图很棒，不是吗？但对于不是设计师的人来说，制作信息图似乎很复杂、很困难。有很多制作信息图的公司（提示：其中一家公司写了这本书），但是并不是每个人都能借助这些公司制作信息图，信息图的制作比较费时间。

有一些方法可以使每个人将信息图的原则整合到数据的直观化过程中。

考虑图表或文字以外的选择

例如，你就职于一家手机公司，你有关于公司市场份额的数据，假设你的公司目前占据了 60% 的市场。你没有做一个典型的饼图，或许可以从手机的角度来表达。这是删除冗长文字的一种简单方法，你可以从实际物体的角度来呈现统计数据，通过采用这种方法，你可以把一部分演讲用信息图替代。

---

① 资料来源：Visually, *What Is an Infographic?*, http://visual.ly/what-is-an-infographic.

路易斯安那州
啤酒行业的经济影响

路易斯安那州与行业相关的岗位（以千为单位）

直接影响

（酿造、分销与零售）

岗位	19 560
工资	546 709 700美元
贡献	1 223 176 400美元

对经济的总体贡献

2 991 994 200美元

农业 910
商业与个人服务 4 380
建筑 200
金融保险与房地产 1 640
制造 640
零售 1 440
交通与通信 1 010
旅游与娱乐 1 440
批发 440
其他 790

路易斯安那州与行业
相关的总岗位数

12 890

最受好评的啤酒

6.5%
酒精度

用郁金香形玻璃杯装

诺拉Hopitoulas
印度淡啤酒

这种啤酒是酿酒专家彼得·喀多30年酿酒的巅峰之作。它由彻皮图拉斯街酿酒厂（Tchoupitoulas Street brewery）用6种麦芽和6种啤酒花酿造而成。这种口感丰润的啤酒用阿马里洛和锡姆科的啤酒花突出了柑橘和松木的香味。拿起一杯Hopitoulas印度淡啤酒，品味其中的激情与执着。

诺拉最受欢迎的3种啤酒	
Hopitoulas印度淡啤酒	3.51
爱尔兰Channel 黑啤	3.38
棕色艾尔啤酒	3.21

最高5分

8%
酒精度

用狭口酒杯装

阿比塔精选帝国路易斯安那生蚝黑啤
帝国黑啤

这种啤酒用浅色麦芽、焦化麦芽、炒麦芽和巧克力麦芽酿造而成。添加燕麦使啤酒的味道更丰富、更甜美。炒麦芽使啤酒的颜色变深，还赋予了它浓郁的香气和口味。啤酒充溢着太妃糖和巧克力的味道，但不会过于强烈。由于这种啤酒的味道主要来自麦芽，所以没有很多啤酒花的味道。新鲜的路易斯安那生蚝肉被加入煮锅，生蚝中的盐使啤酒的香味和口感绝佳。

阿比塔最受欢迎的3种啤酒	
精选帝国路易斯安那生蚝黑啤	3.35
春天印度淡啤酒	3.34
拯救我们的海岸比尔森啤酒	3.31

最高5分

用信息图表示流程

很多人用流程图表示各个群组之间的关系并能很好地达到这个目的。你可以采用真实世界的比较关系，比如人或物体，而不是通常的圆形和长方形，由此改变传统的做法。

选择一种能帮助非设计师制作信息图的网络工具

Piktochart、Plot.ly 和 Infogr.am 等网站能帮你制作出漂亮的信息图，它们包含地理可视化、树形图等有用的图表和图形。

采用与你的主题相关的其他设计师的信息图

很多网站上，比如 visual.ly，有非常好的信息图，你可以利用它们。如果你的演讲涉及科技或医疗保健等行业，那么你可以在网上找到成千上万张信息图，这些图突出了这些行业中的重要统计数据。

———

信息图是很好的工具。它们把你的数据转化为吸引人且难忘的视觉资料，它们让你的演讲充满美感，紧紧抓住了听众的心灵和头脑。

信息图1

传统的展示统计数字的方法。这种方式很简单，听众也很容易理解。

信息图2

像这样的信息图能够直观地呈现数据，它提供了参考框架以及另一种
看待信息的方式。

讲义

说到演讲，简单总是最好的，但是我们知道有些主题需要大量信息来说明。把所有这些信息都挤在幻灯片里，即使做很多张幻灯片，也不是好的解决办法。如果你的演讲需要容纳很多信息，但幻灯片承载不了这么多信息，那就使用讲义，用讲义作为补充。

把讲义看成是演讲中独立的要素，而不是演讲的克隆，这意味着讲义不应该只是幻灯片的副本。如果讲义的内容和演讲完全相同，那么其中一个会被遗忘。相反，讲义应该为听众提供演讲中没有的信息或者演讲中一下子记不住的细节。使用讲义可以很好地消除幻灯片中的杂乱，而听众依然可以看到全面的信息。

讲义也可以给听众留下有形的东西，不会讲完就完了，它们是演讲信息的延伸，会保留到演讲结束后很久。

我们建议在演讲之后再分发讲义，除非演讲中的活动或研讨需要用到它们。在演讲期间，你希望听众的注意力集中在你身上，而不是忙着看讲义。如果听众不得不在你和讲义之间分配注意力，他们很有可能会对你失去兴趣。

有讲义并不意味着你可以过于冗长。讲义中可以包含可读性强的文案、深入的图表和图形、

　　以下是可以使用讲义的一种情况的举例。第一张幻灯片体现了大多数人做的幻灯片中的杂乱。把细枝末节转移到讲义中后，我们可以把幻灯片变得清爽很多。

  6 条经验

1 每一件事发生的速度都极快！最初几天我们的工作人员每天在电话上和食品安全监督服务局、客户、公众沟通6~8个小时。"这需要整个团队齐心协力"，不相互指责很重要。SMA、鲍比·帕勒萨诺（Bobby Palesano）、丹尼斯·约翰逊（Dennis Johnson）……我们的英雄！

4 公共关系公司。你需要知道谁将处理这件事。这家公司或这个人应该非常了解你的公司，这样在处理召回时能反映出你的价值观。

2 设立热线。指派专人处理媒体电话和公众打来的几百个电话。在食品安全监督服务局召回公告中列出这个人的姓名和联系方式。创建召回网站——www.mandafinemeats.com（查看我们的召回信息）。为了媒体和公众的利益，在网站上贴出信息并不断更新，包括时间线。

5 经常确认电脑系统中"所有"客户的联系方式都得到了更新（客户姓名、购买人/联系人姓名、地址、电话号码、电子邮件地址、传真号码）。

3 出乎意料的事情。必须"教育"我们产品的责任保险公司的专员如何处理潜在的疾病索赔。

6 根据购买数量，列出排好优先顺序的客户联系清单。记录下你通知他们的时间。当食品安全监督服务局找他们证实时，有些客户会说我们从来没有通知他们，即使我们通知过。我们一定要有证据。

第一张幻灯片

6 条经验

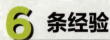

每一件事发生的速度都极快！最初几天我们的工作人员每天在电话上和食品安全监督服务局、客户、公众沟通6~8个小时。"这需要整个团队齐心协力"，不相互指责很重要。SMA、鲍比·帕勒萨诺（Bobby Palesano）、丹尼斯·约翰逊（Dennis Johnson）……我们的英雄！

设立热线。指派专人处理媒体电话和公众打来的几百个电话。在食品安全监督服务局召回公告中列出这个人的姓名和联系方式。创建召回网站——www.mandafinemeats.com（查看我们的召回信息）。为了媒体和公众的利益，在网站上贴出信息并不断更新，包括时间线。

出乎意料的事情。必须"教育"我们产品的责任保险公司的专员如何处理潜在的疾病索赔。

公共关系公司。你需要知道谁将处理这件事。这家公司或这个人应该非常了解你的公司，这样在处理召回时能反映出你的价值观。

经常确认电脑系统中"所有"客户的联系方式都得到了更新（客户姓名、购买人/联系人姓名、地址、电话号码、电子邮件地址、传真号码）。

根据购买数量，列出排好优先顺序的客户联系清单。记录下你通知他们的时间。当食品安全监督服务局找他们证实时，有些客户会说我们从来没有通知他们，即使我们通知过。我们一定要有证据。

讲义

第二张更清爽的幻灯片

价格细目表、案例研究、参考资料、联系信息等。讲义使你有机会使用演讲时无法使用的方式，无论是因为时间限制还是因为信息数量。

避免需要大量解释的复杂观点，避免应该当面讲述的充满情感的故事。不要指望把所有不好处理的信息都放到讲义里，当涉及表达演讲的主要论点时尤其如此。在演讲中，讲义是非常好的工具，但如果你想把事情做好，就一定要自己做。

从风格上来说，讲义应该与你的演讲匹配，这样会给人一致感。如果提供讲义的目的是作为品牌的延伸，那么它应该采用类似的设计样式。

尽管你可能不是设计师，甚至不认为自己有艺术细胞，但也必须把讲义设计得容易阅读、赏心悦目。如果你对自己的设计能力没信心，聘用一家公司或自由

职业者来做设计，为此花钱是值得的。一般来说，清爽、简单的设计还说得过去，而具有美感的设计会让你脱颖而出。思考一下你自己想在讲义中看到什么，你不会想和听众分享你自己都不愿意看的东西。

肯尼的建议

好讲义是演讲体验的一部分。如果你喜欢引导听众看数字版的讲义（节省了印刷和装订的时间），你可以提供 PDF 文件、微型网站的链接，或者提供写有网址的卡片。我推荐的一种工具是 Flowvella，它可以制作互动性的 PDF 文件，在这类文件中你可以插入视频，可以把你的内容分成几个部分。

PPT以外的工具

演讲不等于 PPT

自从古希腊第一个 PPT 演讲出现以来，PPT 成为演讲中最普遍的应用。好吧，它不是出现在古希腊，但确实感觉是很久之前的事情了。PPT 和演讲的关系非常密切，以至于很多人认为演讲就是 PPT。如果全世界的人都能演讲得很好，那这就不是问题，但事实是很多演讲不尽如人意。

世界上到处是糟糕的演讲者，而他们通常使用 PPT，因此 PPT 受到了不公的指责。我们都听说过"PPT 真要命"的说法，[①]很多人认为是这种程序的问题，但我们不这么认为。出于很多原因，我们非常喜欢 PPT 并希望消除这种不公正的看法。现在有很多非常棒的演示平台，但糟糕的演讲者依然会在幻灯片里塞入太多的信息，把演讲拖得过长，破坏听众的体验。不要因为人的错误而指责应用程序。

随着更多的演示平台的出现，我们的选择更多了，演讲者可以选择最适合他们、最适合听众的工具。以下是一些最受欢迎的工具。

---

① 资料来源：Alexei Kapterev, *Death by PowerPoint,* http://www.slideshare.net/thecroaker/death-by-powerpoint.

PPT

PPT 最让我们喜欢的一个方面是它的错综复杂。PPT 已经有几十年的历史了，微软公司为它添加了一些惊人的设计工具，使得 PPT 能够提供的工具变得非常多。对我们来说，非常复杂的动画和设计功能有助于我们制作出不同于人们日常看到的 PPT 幻灯片。也就是说 PPT 的动画、切换和其他功能很容易使幻灯片过度复杂，分散听众对你的演讲的注意力。

史蒂夫·乔布斯的 Keynote

它可以被称为史蒂夫·乔布斯的 Keynote，因为最初是为了一个使用者而开发的，他就是史蒂夫·乔布斯。[1] 乔布斯因他独特的设计感而闻名，他的苹果团队为他开发了这个程序，用于重要会议上的演讲，现在任何人都可以使用它了。

我们为什么喜欢它

- 设计。Keynote 的界面非常清爽，图库中的很多图片是极简抽象风格的。这些图片对于业余演讲者来说很有用，因为他们不太会使用复杂的设计程序。

- 不是第一个。Keynote 不是第一个演示平台，所以很多功能没有被过度使用。Keynote 自己有一套字体、结构、切换方式和动画，它们与苹果公司简单、雅致的审美风格是一致的。

- 容易学。如果作为演讲者，你用了若干年 PPT，那么使用 Keynote 会很容易。两个平台之间存在明显的差异，但对 PPT 有基本了解的人应该能明白 Keynote 的基本功能。

需要留心的事情

一定要查看兼容性。PPT 的

---

[1]　资料来源：Dylan Love, *Steve Job's Favorite Piece of Software Is Now a Cult Hit with Designers*. http://www.businessinsider.com/apple-designed-keynote-with-keynote-2012-10.

一些版本可以在 Windows（视窗）操作系统的电脑和苹果电脑上运行，而 Keynote 只为苹果电脑而生。我们的一些客户在幻灯片中使用了 Keynote 的动画和切换，当他们把文件转换为 PPT 格式时，一些功能会丢失。我们还听说过一个可怕的故事，一位演讲者把 Keynote 文件存在 U 盘里，结果发现演讲时所使用的电脑不是苹果电脑，最后他不得不放弃使用事先准备好的幻灯片，就那样做演讲。带着你自己的电脑，这样就能避免这种情况的发生。

Prezi，新兴的演讲工具

2010 年，仅仅在 2009 年 Prezi 发布的几个月后，大鱼演讲公司开始使用 Prezi。

我们看到了 Prezi 用户数量的惊人增长。目前有超过 4 000 万人和 80% 的财富 500 强公司在使用这个产品。[1] 作为一家使用 Prezi 的公司，我们很乐意帮助 Prezi 继续实现全球增长（更多信息请查看 prezi.com/experts）。Prezi 是一个非线性的平台，它使演讲者能够在画布上构建整个演讲，通过镜头的拉远、拉近和镜头的移动，在演讲中引导听众。让我们来看一看 Prezi 的哪些方面最让我们喜欢。

肯尼的建议

如果你从来没看到过用 Prezi 做的幻灯片，那么可以在以下网址查看用 Prezi 做的大鱼演讲公司的介绍：http://prezi.com/koevlyzxpqki/big-fish-prezi/。

---

[1]　资料来源：prezi.com.

The

标志的悖论

思考例子 或 模式

Prezi镜头拉近拉远的示例

为了保持标题页的简单、清爽，我们运用了Prezi的镜头拉伸能力，把所有的幻灯片都巧妙地隐藏在标志中。

我们为什么喜欢 Prezi

- 创造。在用其他应用设计演讲时，每张幻灯片都是单独的一部分信息。当在 Prezi 上进行设计时，你可以体现每部分信息之间的关系，你可能会发现之前没有意识到的联系。这是一张电子的思维导图，我们在前文中说过，Prezi 是制作演讲故事板的好工具，它使你能聚焦于信息的流动和关系，而不只是每一个单独的论点。

- 镜头的移动。镜头的移动正是Prezi 的标志性特点。镜头的移动能够吸引听众跟随着演讲的发展。Prezi 是一个电子的思维

导读，因此它使听众能够对你的思路有一点了解，使他们能与你的演讲内容建立起联系。尽管 Prezi 越来越普及，但依然不像 PPT 或 Keynote 那样无处不在。使用 Prezi 有助于你从无数 PPT 或 Keynote 的演讲中脱颖而出。

我们探讨过大揭示，它是大鱼演讲公司非常喜欢的方式，而 Prezi 是展示大揭示的绝佳方法。你带领听众经历故事的各个部分，然后揭示全局以及这一切的意义。例如，假设你开发了一种新产品，有十几个非常酷的功能，但真正的卖点是这些功能的

协同效果。你可以让听众——了解每个功能，然后镜头拉远，显示它们如何互相联系。大揭示是一项保持悬念的有趣技术，它可以使听众一直充满兴趣。

- 云。Prezi 是既可以用于云端，又可以用在台式机上的应用。这意味着你可以在云端或在任何计算机上创建、保存或分享你的演讲幻灯片。现在的演讲者不需要考虑随身携带 U 盘了。有了 Prezi，他们可以用他们的 iPad 或任何电脑做修改和进行展示。可以在云端操作的特点也使 Prezi 成为很好的合作工具，如果演讲需要一支团队来完成，那么你们可以在不同地点编辑演讲的不同部分，这比传统上使用不同文件类型的团队成员通过电子邮件沟通高效得多。

需要留心的事情

- 好事过头反成坏事。凡事皆要适度，不是吗？当人们刚开始使用 Prezi 时，他们往往会情不

自禁地用得太多。太多的幻灯片运用太多的镜头拉远拉近会让人分心，使人们的注意力偏离了演讲者要表达的主旨，这也会让人头晕目眩。因此要保持简单，把幻灯片的数量限制在 40~50 张，不要过度使用镜头的变换。

- 学习曲线。学习新事物会让人胆怯，如果你抽时间浏览 Prezi 在网站和博客上提供的学习资源，会发现它比乍看起来容易得多。

Prezi 不是 PPT，也没有想成为 PPT。Prezi 通过提供独特的演讲方式使自己与众不同，由此产生了巨大的差异。如果你曾做过演讲幻灯片，其中会有一些元素，比如动画、切换方式和你最喜欢的字体，你在非 Prezi 的其他平台上使用它们，但是记住，Prezi 提供了大量新元素，它们会成为你设计演讲幻灯片时新的最爱。

对于演讲者来说，Prezi 是非

常棒的头脑风暴工具和设计工具，它还是在迅速发展改进的应用，不断纳入使用者的反馈，为使用者提供最佳的体验。我们在 Prezi 平台上设计了大鱼演讲公司第一个客户的演讲幻灯片，从那之后我们一直在用它。

新兴的工具

我们非常喜欢现有的演示平台，但始终在密切关注新的方法。让我们看几种新兴的工具。

Bunkr 是一个简单的平台，目的是使制作演讲幻灯片变得更容易。[①] 它采用很多与其他演示平台相同的功能，我们最喜欢的功能是在 HTML5 平台上制作幻灯片，这意味着你可以发送一个链接到你的幻灯片上，它可以在任何台式电脑、平板电脑或智能手机的任何浏览器上观看。[②] 我

们非常喜欢这种新的焦点，因为我们知道世界正在移动化，当你能跨越所有平台展示你的幻灯片时，你在让自己为未来做准备。

Projeqt 是全球广告代理公司 TBWA 开发的。Projeqt 能够创建在线幻灯片，可以从脸书、推特和领英等社交网站上获取内容，可以利用简单信息聚合的订阅内容以及其他很多资源。你可以在幻灯片中加入实时的社交网络更新，提供一种全新维度的体验，这样你就可以在演讲期间查看听众的反馈，了解你的演讲的走向，而这一切都是在舞台上发生的。这只是 Projeqt 众多优秀功能中的一个，像这样的功能将会改变听众与演讲者的互动方式。

Kivo 是一种在线工具，它使演讲者能够众包反馈。[③] 你上传你的 PPT，其他人可以对你的演讲进行注释和评论。如果你想收

---

① 网址：http://www.crunchbase.com/organization/bunkr.

② 资料来源：Romain Dillet, *Bunkr Is the PowerPoint Killer We've All Been Waiting For,* http://techcrunch.com/2013/08/22/bunkr-is-the-powerpoint-killer-weve-all-been-wwaitin-for/.

③ 网址：kivo.com.

集很多人的反馈，那么这是在一个地方收集到所有反馈的好方法。

利用 Slidedog，使用者可以无缝地将很多幻灯片和多媒体片段整合在一次演讲体验中。① 在有些会议或活动中，你可能需要再转换各种文件和程序，这会干扰演讲体验，而这种工具可以把 PPT、Prezi 和视频整合成一次沉浸式的体验。

谈到社交媒体的整合，Tweetwall 也是一种工具。② 它是在线工具，让你可以定制和展示有关你的演讲内容的热门推文。这样你可以与听众直接互动，甚至在演讲期间讨论一些你最喜欢的推文。Tweetwall 和 Projeqt 是用社交媒体与听众进行互动的好方法。

以下是我们喜欢的其他工具：

• 交互式移动演示工具 Scrollmotion，

它吸收了视频元素，非常适合一对一的会议及管理销售团队的演示。

• Emaze 是有 3D 模板的网站。
• Haiku Deck/Haiku Deck Zuru 使演讲者能够快速制作出以设计为中心的幻灯片。
• 微软的在线演示和网站编辑工具 Sway 轻松地嵌入了互动媒体。
• Flowvella 是一种互动的幻灯片演示工具，它能够抓取分析。
• Deckset 是把内容转化为幻灯片的即时模拟器。
• Slideklowd 是可以实时显示上课期间的参与程度的平台。
• VoiceBoard 和其他类似的平台整合了托尼·斯塔克（Tony Stark）风格的演讲工具，比如手势和声音控制。③

这些公司在努力解决我们在本书中谈到的很多演讲问题，

① 网址：Slidedog.com.
② 网址：tweetwall.com.
③ 资料来源：Freddie Dawson's *How Playing with Kinect Could Lead To The Death Of Powerpoint*, http://www.forbes.com/sites/freddiedawson/2014/05/30/how-playing-with-kinect-cocou-lead-to-the-death-of-powerpoint/.

它们都在尝试改变世界的演讲方式。

画出来

在整个关于设计的这一章中，我们假定你会使用演示工具来做你的视觉资料，但是还有另外一种方法。

选择在台上画出你的视觉资料是保持自然灵活的好方法。现场画出来使你能够发挥创造力，听众不会觉得你极其强势、无懈可击，从而更容易与你产生共鸣。例如，不要把一个重要的流程用动画的形式表现在幻灯片上，而是自己画出来，用更个人化的、更亲切的方式带领听众了解这个流程。画的方式使你更有可能保持简单，不会把信息搞得过度复杂，画的行为还能使听众的注意力集中在你身上。

最常见的 3 种做法是在白板上画、在画架上的一摞纸上画或者在电脑上画。一个很好的例子是西蒙·斯涅克（Simon Sinek）

西蒙·斯涅克

"从为什么开始"

Startwithwhy.com

的 TED 演讲《伟大的领袖如何鼓动行动》。他引导听众探索了伟大领导者为了创造改变而关注的 3 个问题，他在一大张纸上画出每个问题并进行解释。图很简单，他用马克笔展示了这 3 个重要问题以及它们在说服和采取行动中发挥的作用。

尽管这是很好的展示方法，但需要考虑到它的几个缺点。可能出现的问题包括无法扩展到更大规模的演讲、不能很好地使用白板、对数据的需求和缺乏视觉多样性。如果选择这种展示方式，你还需要在演讲时添加其他令人难忘的方式。对自己的演讲能力没有信心的新手演讲者在使用这种方法时一定要非常小心，新手需要更多地聚焦于他们的演讲主旨以及如何有说服力、如何表达。

在决定现场画出来、运用幻灯片或完全不同视觉资料的时候，你需要考虑你的演讲内容和听众。让听众参与到你的故事中的最佳方法是什么？

肯尼的建议

人们经常问我，我最喜欢的演示工具是什么。我没有确定的答案，但根据场景的不同，我确实有最喜欢的工具。在解释创造性的概念、分析复杂的材料、描绘某个区域、创建时间线或进行头脑风暴时，我喜欢用 Prezi。它特别适合还没有习惯于传统方法的听众（Prezi 常被用于 TED 这样的大会上）。对于文字较多的企业演讲（销售、投资、财务，这类演讲通常相当直接坦率），我建议依然用 PPT 和 Keynote。这两种平台有备注文稿，有助于减少幻灯片上的文字。在我的 TED 演讲《说"不"的艺术》中，你会注意到我没有用演示应用程序，而是直接说出来，有时最好的演讲就是没有幻灯片的演讲。

时间不够用

老板让你做关于部门新计划的演讲，而你只有两个小时的准备时间，听起来压力很大。我们完全知道很多演讲是在这种情况下做的，我们还意识到我们提出的有关设计和内容的建议需要花费不少时间。

如果你的时间很紧，我们希望你能把精力集中在两件事上。第一件事是文字信息。你的时间不多，因此你需要确保给每种幻灯片选择了最好的措辞，这比找到最漂亮、最相关的照片更重要。人们会记住照片，但他们首先会看这张幻灯片讲了什么。当你时间很紧时，重要的是你要表达的信息。

第二件事是保持简单。不要对设计想得太多，不要把幻灯片塞得太满。

演讲者可以利用事先做好的模板做出漂亮的、吸引人的幻灯片，关键在于这样做既快捷又容易。当不得不临时抱佛脚时，非完全定制化的幻灯片也是可以接受的，此时信息的简洁比制作新颖别致的幻灯片更重要。

我们推荐的 3 个平台是 Haiku Deck、Canva 和 Deckset。这些应用可以在 iPad 上使用，所以你可以在移动中制作幻灯片，每一种平台都有网络版。这些资源有设计得很好看的模板，当演讲者的时间不够用时可以用它们制作幻灯片。

肯尼的建议

虽然用模板做幻灯片很快捷，但有些程序无法根据你的公司的品牌指导方针来定制切换效果或幻灯片。有时你只需要标题幻灯片、两三张展示主要观点的内容幻灯片，和一张结尾幻灯片，不要画蛇添足。

结论

我们说的一些方法需要你花时间练习，但想一想这些努力在未来将意味着什么。如果你把幻灯片做得赏心悦目，能够让听众感兴趣，你就会促成更多的销售、说服团队接受战略的改变，或者为新机会赢得支持，那么你付出的所有努力都是值得的。

如果你从本章中学到了一件事，我们希望那就是能够创造影响的设计。

把你的幻灯片做得很漂亮不是出于审美的原因，而是为了建立联系，与听众建立联系，更清晰有效地传递信息会带来态度的改变、鼓舞行动。为改变而设计。

作为演讲者，你要记住，如果你不能讲出来，那么一切都不重要了。如果你构思了很吸引人的故事，设计了漂亮的幻灯片，但你没有很好地把它们表达出来，那么一切都是徒劳。是时候聚焦于如何把你设计的东西讲出来了。

挑战

演讲新手

- 制作每页不超过 5 个词的幻灯片。
- 设计有全出血照片的幻灯片。
- 用你以前从没用过的平台或应用程序制作幻灯片并做演讲。

演讲专家

- 做 20 分钟的演讲，把你的所有观点画在白板上。

- 对复杂的主题进行概念化，用信息图来解释它。
- 用信息图替代重要的数据集。

第 **4** 章

演讲

> **演讲就是力量：演讲能够说服，**
> **能够改变，能够推动行为。**
>
> ——拉尔夫·沃尔多·爱默生

我们已经探讨了优秀设计的重要性，但使演讲不仅值得听、值得看，而且值得记住的原因还有什么？是主题吗？是的。是内容吗？是的。是演讲给听众的感受吗？是的。人们离开时是否觉得自己学到了一些东西？他们是否想和他们的朋友、同事谈论它？如果是，那是因为演讲者的演讲充满情感，而且很有影响力。听众喜欢演讲者，演讲让他们有所感，给他们灌输了一些信息。

怎么做？

语气、身体语言和内容。

这3个要素决定了演讲者受喜爱的程度。你认为哪个最重要？听众对演讲的喜欢主要来自你演讲的方式，而不是你说什么。这或许让你有点吃惊。快乐、真诚的面部表情、愉快的语气能够非常有效地吸引听众对演讲的兴趣。虽然内容是演讲中最重要的元素，但你的演讲方式是听众是否喜欢你的关键。

内容、设计和演讲是协同发挥作用的力量，而不是彼此竞争的力量。极棒的演绎使听众更有可能记住你的演讲内容，漂亮的幻灯片设计可以给你的演讲增添额外的吸引力。那么杰出的演讲到底是什么意思？

在本章中，我们将讨论以下内容：

· 发现你的演讲风格。

· 演讲的时间控制。

· 身体语言。

· 控制你的活力。

· 停顿的作用。

· 避免磕磕巴巴。

· 克服怯场。

· 排练。

· 应急演练。

· 网络研讨会。

在本章的结尾，我们希望不仅能帮助你更好地理解做演讲，而且能为你提供工具，培养并保持资深演讲者所具有的信心。

你在做演讲方面有什么问题吗？浏览本章，查看建议和窍门，如果这些话题对你来说太基础了，那么跳到第 5 章"呈现一种体验"，这一章涉及将你的演讲提升到更高的层次。

发现你的演讲风格

我们都是独特的个体。

我们有着对世界的不同看法。我们每个人都有自己的思维、讲话和行动方式，我们的习惯界定了我们是谁。

在处理演讲信息和与听众的沟通上，我们也会采用非常不同的方式。有的演讲者认为演讲纯粹是娱乐性的，而有的演讲者认为尽可能有效地提供信息才是最重要的目的。

所有杰出的演讲者都是自信、乐观、有理解力、实事求是、有能力、真诚迷人的，但他们展示每种特点的方式不同。我们的身体里都有一位杰出的演讲家，引导你的演讲能力涉及发现

你的风格并运用它。在这章中，我们会帮助你确定自己的演讲风格，发挥你的优势。

在开始探讨不同的演讲风格之前，让我们来看一看为什么建立你自己的风格很重要。

在演讲中最有影响力的方面之一就是独特性。这就是为什么以新颖的方式表达你自己不仅能使你脱颖而出，而且能使听众始终感兴趣。它还使你有别于其他演讲者，使你更加令人难忘。

如果你能坦然地做你自己，你会成为更好的演讲者。如果你没有试图模仿其他演讲者的风格，你会更自然，你的声音听起来会更加坚定自信，但是，这并

不是说你不应该从有才华的演讲者那里学几招。有演讲方面的榜样是一种很好的学习方式，但只是模仿他人会破坏你的真实性。

让我们来看几种演讲风格。在探讨每一种风格时，试着想象自己用这种风格做演讲。在每个部分的结尾，你会对哪种风格适合你的性格和演讲能力有一些了解。

记住这些风格都是概括性的分类。你不一定只属于一种风格，有可能是几种风格的混合。你会发现自己被某种风格吸引，但另一种风格体现了你的特点。进行尝试，看什么最适合你。

老师型

你喜欢讲故事吗？你能用语言和行为深深地感染听众吗？哪怕只是讲熟悉的校园故事，或是复述电视剧中的情节，能够把故事讲得引人入胜都是一种天赋，标志着你是老师型演讲者。老师不仅擅长讲故事，而且擅长倾听，感受演讲房间的氛围并做出相应的调整。老师能使信息与听众产生联系。好老师能够把复杂的信息变得简单、相关且有意义。如果你天生倾向于传道授业，进行深入的探讨，那么你就属于老师型。

例如：西蒙·斯涅克，作家兼励志演说家；戴维·罗斯（David Rose），风险资本家兼企业家；赛斯·高汀（Seth Godin），作家兼营销大师。

东道主型

派对的东道主会做什么？东道主当然会准备食物、饮料和音乐，他们营造气氛。他们还会让你感到舒服、安全，你信任并尊重他们。擅长演讲的好东道主具有灵活性，能够读懂人，让人产生信任感。老师更擅长传道授业，而东道主希望鼓舞听众。作为东道主，你会很快和听众混熟，营造出舒适愉快的环境。东道主能够洞察环境，很好地利用互动，无论是通过让听众参与活动、提问题还是引人欢笑，东道主会与你建立情感联系，让你感觉舒服。

例如：斯科特·哈里森，水慈善的创始人兼首席执行官；盖伊·川崎（Guy Kawasaki），励志演说家兼企业家；布琳·布朗（Brené Brown），作家兼研究教授。

教练型

教练型演讲者不一定要在更衣室里发表令人目瞪口呆的说辞，它的意思是成为领导者和思考者，鼓舞和激励听众。如果你天生具有竞争性，热情奔放，不害怕上台展示，那么你可能属于教练型。好教练会用敏感、激情和信念来应对困难的问题，会给听众注入活力。他们让你站起来欢呼，感觉自己无所不能。

你在努力创造改变，想要看到结果，你很享受激励你的朋友或团队去完成重大的事情。如果你天生喜欢竞争，充满激情，那么你可能属于教练型。现在来吧，去激励听众采取行动！

例如：吉米·瓦尔瓦诺（Jimmy Valvano），大学篮球教练兼职业广播员；威廉·麦克雷文上将，美国特种作战司令部第9位指挥官；莱斯·布朗（Les Brown），励志演说家兼前政治家。

大明星型

你喜欢聚光灯吗？你是社交场合中的中心人物吗？你是注意力的焦点吗？如果是，你应该属于大明星型。大明星型的演讲者喜欢用容易理解的语言、自嘲的故事和幽默来暖场，打破隔阂。大明星型的演讲者是很好的开场演讲人，他们使听众有很好的心情继续听后面演讲者的演讲。大明星型的演讲者能鼓舞听众，他们的演讲具有娱乐性。

你渴望被关注，但不是以消极的方式被关注，你用你积极的力量引导听众，那么你可能属于大明星型。

例如：史蒂夫·乔布斯，苹果公司联合创始人；比尔·克林顿，美国前总统；马娅·安杰卢（Maya Angelou），诗人。

——

听起来你是否像其中某些类型？如果你任何类型都不属于，不要担心，以下有帮助你形成自己的风格的起始点。演讲者不会只有一种风格，我们是复杂的混合体。这里介绍的 4 种风格只是给你提供方向感。

如果你对自己的演讲风格有了一些了解，接下来该怎么做？

练习。

不一定是在传统的演讲背景中进行练习，变得能够自如地在人前讲话的最好方法是实际去讲，哪怕只是小规模的。

例如，下次你给朋友讲故事的时候，练习讲得更清楚，对故事的结构进行加工，然后观察人们的反应，看自己是否造成了哪怕很小的影响。在社交环境中这样做对你的公共演讲能力会非常有帮助，一段时间后，你会对你的风格产生自信，无论你属于老师型、东道主型、教练型还是大明星型。

发挥你的优势。当知道自己天生擅长某种方式时，你在演讲时会更自如。把练习和你的风格结合起来，你会向着成为演讲大师更进一步。

演讲的时间控制

一定要在听众没有耐心继续听下去之前结束你的演讲。

——桃乐茜·萨尔诺夫（Dorothy Sarnoff）

无论你有一个小时还是一个月做准备，你都可能面临一个问题：你想说的很多，但时间不够用。

努力把你所有的观点都塞进严格的时间框架中，同时要应付演讲所涉及的其他要素，这简直就像噩梦。不要紧张，开始重新组织。如果你演讲的基础是牢固的，听众会感觉得到。听众更喜欢简单有力的信息，而不是模糊不清的信息。

谈到写演讲稿，你一定要记住，少即是多。尊重你的听众，他们给予你两种当今非常稀缺的重要物品：注意力和时间。他们来听你演讲不是为了让你自我感觉良好，而是为了获得鼓舞和启发。这是你的任务。

没有压力，对吗？这就是为什么快速而有效地与听众建立联系非常重要。不要用不必要的废话浪费你和他们的时间。去掉多余的内容，直接说出要点，不要冷漠无情。人们不会介意你直接说出核心信息，只要你能满足他们的期望，事实上，他们会感谢你对他们的时间的尊重。

为什么要控制在时限以内？

因为这迫使你压缩演讲内容，只讲真正重要的观点。另外，万一你开始演讲的时间比计划的晚，万一你跑题了或者最后一刻想到了非常棒的故事或观点，这样把演讲设计控制在时限之内使你还有时间进行弥补和补充。确保你的演讲涵盖了听众期望的每一个要素，这样他们就不会觉得自己的时间被浪费了。

每当出现时间问题时，你应该考虑听众，而不是你和你的信息。经验告诉我们，这是很多演讲者经常会遇到的问题。以下是一些建议，有助于你有效地安排演讲的时间。

分解你的演讲

把你的演讲分解成各个部分很重要。在汇总起来形成杰出的演讲之前，每个部分一定要经过打磨和调整。从引入、主要观点到扼要重述和结尾，练习并计划每个部分的时间是至关重要的。这使你能够看到哪些部分需要缩减，以便给更重要的论点留出时间。

了解时间限制并控制在时限之内

始终清楚自己有多长时间来做演讲，这将决定你可以纳入的信息数量。

假设你有 25 分钟，把你的演讲设计为 15 分钟。如果有 45 分钟呢？那么把演讲设计为 35 分钟。你明白了吧？

对未知有所估计

在安排自己演讲的时间时，

你要考虑到你演讲之外的所有因素：额外的特邀演讲人、互动、视频或产品展示等。这样你可以保证演讲顺利进行。但如果情况失控了或者演讲偏离了主题，不要害怕缩减演讲。

肯尼的建议

分解你的演讲还有助于给演讲的各个部分做"时间标记"。例如，如果你的演讲是45分钟，你可以像这样分解它：

· 开场白：3~5分钟。
· 主要论点1：8~10分钟。
· 主要论点2：8~10分钟。
· 主要论点3：8~10分钟。
· 简要复述主题：2~5分钟。
· 结论：3~5分钟。

这样做使你在演讲中能够清楚地知道自己应该讲到什么地方了，并据此做出调整。

有后备计划

如果听众的问题打断了你，那会怎样？如果你的演讲不得不缩短，那会怎样？如果你超出了时间限制，那会怎样？这些事情确实会发生，因此快速调整很重要。

一个很好的例子是当肯尼要在一个大型会议上做《如何把演讲变成体验》的演讲时，演讲时间不得不从45分钟缩减到30分钟，因为前一位演讲者超时了。幸运的是，他有备而来，因为他已经把大纲上的要点排练了很多次，可以根据现场情况进行调整。只要你表达了核心论点，并且有支持性的主要观点，你就可以去掉演讲中多余的内容。之后再给听众提供一种能继续跟进，获得更多信息的方法，你可以把带有备注文稿的全部幻灯片放到SlideShare上，让听众做参考。

只要你很好地传递了信息，听众不会在意你是否在到时间之前就结束了演讲，但是如果你超时了，他们会心烦意乱。在开始演讲的那一刻，你的时间就在分分秒秒地流逝，听众的注意力随时都有可能转移。你的演讲持续的时间越长，吸引住听众的注意力的挑战就越大。

你可以成为世界上最伟大的讲故事的人，让听众沉迷几个小时，但最终人们会变得头昏脑涨。

因此要守时。

守时。

守时。

有效地计划演讲的时间很难，但绝对有必要。这是一种微妙的平衡，需要细心的准备和刻苦的排练，但是时间控制并不是一切。

肯尼的建议

优秀的演讲者会准备以不同的风格或在不同的时间限制下发表相同主题的演讲。如果分配给你的时间因为预料之外的情况或技术故障而增加或减少了，作为演讲者，你应该能迅速做出调整。我曾无数次经历过在最后一刻，我的演讲时间或演讲资料受到了别人的影响（一次我曾在没有幻灯片的情况下做了关于演讲的演讲），但是演讲必须继续，所以请确保你有应急计划。

身体语言

想一想这样的场景：A演讲者站着不动地做演讲，他的胳膊交叉抱在胸前，面无表情地看着听众。

这会让你有什么感受？感到不舒服吗？不确定演讲者是否相信他自己的言论吗？在失去兴趣之前，你可能会严重质疑他的演讲内容的可信性。

这就是为什么演讲时要有与内容相称的身体语言，它对与听众建立起连接至关重要。它表现出你是上心的、充满热情的；它说明你是个人，而不是在背诵台词的机器。

如何通过身体语言传递情感，提升内容？

面部表情

你的脸是听众的第一个焦点。大多数时候你的脸与你的情绪是一致的，因此让它与你的演讲内容相匹配很重要。听众会把你的面部表情、你的情绪和你当时所说的内容联系起来，你的面部表情会让听众对你的演讲内容留下特定的印象。

在演讲的开始和结尾都应该面带真诚的微笑，即使浅浅的微笑也能产生大影响。它让听众不仅认识到你是友好可亲近的，而且感受到你很高兴做这个演讲。

身体语言是非常强大的工具。在有言语之前就有了身体语言。

——黛博拉·布尔（Deborah Bull）

舞蹈家兼作者

眼神交流

眼神交流很重要，它就像和听众紧紧地握手，是建立信任和信心的有效方式。没有眼神交流会让听众觉得你不够真诚可信。眼神交流还有助于吸引听众，它也是衡量反馈、洞察环境的好方法，以便你做出相应的调整。

看着房间不同位置的不同听众，找到看起来充满兴趣，让你感到舒服的个体。把更多的精力放在做演讲上，而不是给幻灯片塞满内容，这样你就不会总想着把目光从听众那里移开，去看幻灯片。

如果你觉得眼神交流很难，可以试着把目光集中在听众的前额，看起来好像你在看着他们的脸。

手势

手势是帮助听众记住你演讲中重要部分的好方法，同时使你能够更有效地表达想法。

演讲新手通常不知道手该怎么放。如果你不注意，你的身体语言和手势可能会造成你和听众之间的不信任。

- 把手放在背后。
- 玩弄手里的东西（手表或戒指等珠宝，口袋里的零钱或演示遥控器）。
- 用一只手攥住另一只手的手腕。
- 摆弄手指。
- 反复摸脸。

我们推荐的默认手势是两手抓握放在身体前面，在需要的时候移动双手来表达各种想法。为特定的陈述配上特定的手势，做完手势后，再恢复到默认姿势。

最好的建议是保持自然，不要强行做手势或者过度做手势，你不是在玩看手势猜字谜的游戏。

开放的姿态

把手从口袋里拿出来，站直，双臂舒展，两脚在一条直线上，与肩同宽，脚尖冲着听众。这表

列举要点:

手指数和要点数要一致。

强调要点:

用手做猛砍的动作。

巨大的改变:

把两手分得很开。

减少:

用食指和大拇指表示改变的程度。

现出了欢迎听众的开放的姿态。两臂交叉,低着头会拒人于千里之外。不要在你和听众之间设置障碍,不要一脚前一脚后,这个姿势会被认为没有安全感或者不

值得信任。

开放的姿态会产生友好、积极的能量,使人感到舒服自在,从而更容易接受你的信息。

流畅的动作

在舞台上走动，同时结合所有这些元素，用这些手势强调论点，再次吸引听众的注意力。四处走动能够吸引注意力和兴趣，但记住太多的走动会分散注意力。

就像演讲中所有的方面一样，不断练习能够打磨掉毛边，让它变得光滑。

——

注意没有被说出来的东西像关注说了什么一样很重要。身体语言很有影响力，人们不会有意识地去注意它，但会向听众发出潜意识的信号。你的动作会影响听众对你说的话和所表达的情感的理解程度。想象一下，如果沃尔特·迪士尼皱着眉头介绍迪士尼乐园的理念，身体显得软弱无力，用弯曲的手指指着乐园的模型，那会有什么效果？

地球上最快乐的地方却让我感到难过。

自然、真诚。就像排练你的演讲词和时间安排一样，练习演讲

中的身体语言，如果什么作用都没有，它就不会被称为身体语言。

肯尼的建议

在客户跟我们一起排练之前，我让他们把自己在其他人的演讲中看到的令人讨厌的行为写出来。这是一种测试，看他们是否知道什么是好的身体语言。然后我可以批评他们说："你知道什么是不对的，那为什么要这样做？"他们罗列的最常见的烦人做法是什么？左右摇晃；摆弄手表或衣服，让人分心；两手交叉地站着；躲在演讲台后面；把手放在口袋里或放在背后；一条腿在前一条腿在后。虽然我们知道紧张会无意识地引发这些行为，但在讲台上时一定要常常留意自己的举止。

控制你的活力

想象你在听一个语速很快的演讲者的演讲。他的活力吸引着你，你对他讲的主题感兴趣，你渴望了解更多，可不幸的是，他说得太快，你跟不上。

现在把这种场景倒转过来。你在听一个语速很慢的演讲者的演讲，演讲主题很吸引人，但他的语气让你昏昏欲睡，他缺乏活力，你宁可在网上自己看这些内容。真是太不幸了。

如果你学会控制自己的活力，就可以避免成为这两种场景中的主角。

这不仅能防止你的演讲太单调或信息多得把人淹没，还有助于你更有效地表达观点。观察像

史蒂夫·乔布斯和喜剧明星克里斯·洛克（Chris Rock）这样的演讲者，他们知道如何通过控制自己的活力来制造悬念。他们懂得平衡激情与平静，能够让听众长时间为之倾倒，他们能很好地控制自己，这使他们能随心所欲地传递信息、进行说服或娱乐听众。这就是伟大的演讲者与好的演讲者之间的区别。

控制活力的秘诀是什么？有三个秘诀。

第一个就是时间安排。你选择什么时候加快、什么时候减慢、什么时候停顿、什么时候向听众提出问题，它们必须与你的演讲内容匹配。最好的讲故事的

人充满魅力，引人注目，他们知道在讲故事的时候如何调整他们的情绪。能够控制行为的时间安排会直接影响在整个演讲中你对自己的活力的控制程度。

第二个是语调。在表达令人兴奋的论点时要升高语调，在传递重要的信息时要降低语调，这样能够避免乏味。毕竟，如果听起来你对自己的演讲不感兴趣，听众为什么要感兴趣呢？总之，我们的建议就是保持平衡，平衡兴奋和平静的比率不仅是保持听众的注意力和兴趣的好方法，而且能够让你自己保持活跃。

第三个秘诀是一种很罕见的能力：共情。共情能力就是能感受到听众的情感，根据他们的情感要求来调整你的演讲。我们从之前的探讨中知道，了解听众是演讲的一个基本要求。不仅能从信息的立场认同你的听众，而且能从演讲的立场与他们产生共鸣，这将赋予你打动他们的能力。

如果你能成功地运用这 3 个秘诀，你说服听众的可能性会大

肯尼的建议

语调比较难处理，但在训练人们演讲时，它是我最喜欢的元素之一，因为它可以彻底改变演讲的氛围。你的语调（说话时声音的高低起伏）以非常个人的方式传递了你的可信度。可以把演讲的排练录下来，认真听。你的演讲录音应该包含以下特点：

- 你听起来自信、健谈、平易近人，而且不单调。
- 以镇静、坚定而果断的语气表达你的主张。
- 你说得足够清楚吗？有没有上气不接下气？声音是否太轻或太大？说话是否太快或太慢？你有没有恰当地强调某些词？你有没有调整自己演讲的速度，在需要的时候停顿？
- 听句子结尾的声调是否降下来了。这适用于陈述句，疑问句应该反过来。如果陈述句的结尾用升调，整个句子的语气不坚定，听众会觉得你含糊迟疑。
- 你演讲的方式是否引发了你希望听众感受到的情绪？

大提高，因为他们觉得你懂他们的需求，并且满足了他们的需求。在你的演讲中设计特定的兴趣点，还要有充满情感的表达，这样当你控制自己的活力时，你会做得更精确。

一个很好的例子是具有传奇色彩的篮球教练吉米·瓦尔瓦诺在1993年"年度卓越体育表现奖"颁奖大会上发表的著名演讲。瓦尔瓦诺教练患有晚期癌症，他的很多听众知道这个诊断后，深感悲痛，瓦尔瓦诺明白这一点，他非常理解听众并能打动他们。

他是怎么做的？

- 在开场白中，瓦尔瓦诺用幽默和较低的语调安抚听众。他小心而巧妙地讲了几个笑话，以缓解紧张气氛，这对放松心情立即起到了作用。
- 在演讲前的简单介绍中，他提到他没有提示卡，他用这种方法让听众知道他会讲得很走心。从这里开始，瓦尔瓦诺保

持着较高的活力水平，以回应听众的活力。在强调他的3个要点——欢笑、思考和哭泣时，他提高了语调。

- 在支持性内容中，他描述了第一次执教时是多么兴奋。他的语调与他的活跃程度、与他的内容是匹配的。同时他还表达了谦卑与钦佩，这是与听众产生共鸣的好方法。

尽管瓦尔瓦诺的癌症很凶险，但他对此轻描淡写，拿自己演讲超时开玩笑，说他并不担心，因为他自己没有很多时间。他用少许现实点缀着他的幽默。

- 在总结时，瓦尔瓦诺用的是低沉的语调。他列出了令人震惊的癌症统计数据，说他相信今天的医生能够在治疗像他这样的病人上创造不同。他在大揭示之前制造出了紧张感。
- 在演讲的高潮，瓦尔瓦诺宣布了他新创立的癌症研究基金会，这赢得了那天晚上最响亮的喝

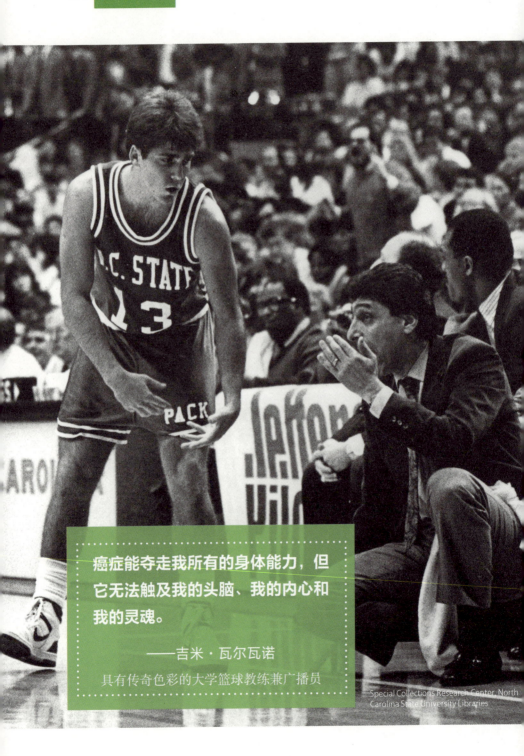

癌症能夺走我所有的身体能力，但它无法触及我的头脑、我的内心和我的灵魂。

——吉米·瓦尔瓦诺

具有传奇色彩的大学篮球教练兼广播员

彩和掌声。当听众的情感完全投入到演讲中时，就会发生这种情况。

- 在最后的陈述中，瓦尔瓦诺缓慢而坚定地说："癌症能夺走我所有的身体能力，但它无法触及我的头脑、我的内心和我的灵魂。"然后他以谦卑的姿态感谢听众花时间来听他的演讲。

通过学习他的演讲，我们有所收获，你也会有收获。当说道：

- 坏消息或不幸的统计数字时，要用低沉的语调。
- 关键论点时，要表现出你的兴奋。
- 你想多讲一讲的要点时，要放慢语速。
- 最终观点时，要说得坚决、缓慢而自信。

如何激发听众的活力

如果你看到听众的目光转向别处，看到他们拨弄自己的电子设备，甚至打起瞌睡，就应该努力把他们的注意力争取回来了。

做一个能够让听众参与进来的活动。当然这要基于听众的意愿、人数和演讲的背景。你想和听众进行互动，但你不希望这个活动是不相干的或不必要的。如果听众人数比较少，你可以让他们站起来交谈。

非言语的暗示，比如眼神交流或从听众身边走过，能把他们的注意力拉回你的演讲上。一个小小的动作就能产生大作用，推动听众，让他们保持注意力。

如果你看到听众在面对一大堆数据时走神儿了，你可以讲一个自己的故事，把听众的注意力拉回来。让你的数据有人情味，把数据与听众的生活建立起联系。再加入个性化的元素，这不仅能激发听众的兴趣，而且使你的信息在演讲之后更容易被记住。

如果听众看起来有些迷惑或者需要休息一下，让他们站起来伸展伸展，这会重新激发他们的活力和注意力。你还可以在演讲中间提问题，看是否有需要进一步解释的要点。把经常被问到的问题写下来，在下一次演讲时做调整，将遗漏的信息补充上。花时间解释听众关心的内容是提升听众参与度的好方法，同时也能精进未来的演讲技能。

还要记住，上午的听众更有可能充满活力。因此如果你可以选择演讲的时间，请要求上午的时段，避开听众在午餐后的倦怠感和较晚时段的疲劳感。

在试着调整演讲中的活力水平时，事先排练很重要，因为这能确保你的要点和你的活力水平是同步的。活力是一种有力的稀缺资源，要用得聪明。

肯尼的建议

最初开始演讲时，过多的动作是我最大的问题。我逐渐学会站住不动，两脚分开站立，与肩同宽，只做有目的的动作。另一个挑战是针对第一语言非我所说的语言的听众挑战我的活力水平。当用与听众的母语不同的语言传递重要信息时，挑战很大。语速太快会让他们无法招架，因为紧张而做的动作会分散他们的注意力，讲得不清楚会使听众彻底与你脱节。调整自己的速度，仔细观察听众，看他们是否跟得上，是否还在专心地听，必要时做出改变。

停顿的作用

我们都听过朋友讲故事时、教授上课时或职业演讲家演讲时，信息以非常快的速度在传递。我们也听到过人们为了打破沉默，结结巴巴地说话。我们相信你也这样做过很多次，甚至没有意识到自己的做法。我们将探讨你为什么会用"嗯""啊""这个""那个"等填充词，如何用你已有的强大武器来避免这种情况。一个简单的行为能够显著改变你传递信息的方式，那么做个深呼吸，停顿一下会有不同的效果。接下来我们将深入探讨停顿的作用。

首先，让我们谈一谈这个问题。它们被称为"填充词"，在我们不知道说什么时会使用它们。当我们的思维出现中断，觉得有填补这个中断的压力时，就会使用填充词，哪怕它们是没有什么意义的话和不合逻辑的胡言乱语。我们希望保持说话的节奏，因此会无意识地说些乱七八糟的话，掩饰我们不知道该说什么，然而，它起了反作用。

听起来我们说得并不流畅，更好像是不知道自己在说什么。我们看起来杂乱无章，局促不安，思维的中断欲盖弥彰。为什么？为什么在没有想好的时候保持沉默那么难？为什么在演讲时必须滔滔不绝？

问题的根源在于我们缺乏耐

正确的措辞可能会有效，但不会比正常的停顿更有效。

——马克·吐温

美国作家

心。大多数人无法忍受沉默，它让我们感到不舒服。在说话中间暂停不符合我们的天性，而且当我们渴望分享一些事情时，本能会促使我们说得很快。当在人们面前发言时，我们会尽可能快地表达自己的意思。

你可能认为停顿是浪费时间，所以会尽量用言语填满沉默，这并不是很糟糕。我们知道你不想浪费听众的时间，你希望讲得引人入胜，但填充词并不能给你传递的信息增加任何价值。你其实在浪费时间，只是没有意识到。学会停下来思考使我们更有可能找到合适的言辞或观点，这对听众是有益的，他们想得到这些从停顿中产生的清晰的好观点。尽管我们没有意识到，但听众渴望这种沉默，这使他们有机会加工信息，有机会休息一下。

前美国参议员兼著名的演说家罗伯特·伯德（Robert Byrd）曾说："使用停顿可能是有技巧的，我发现停顿没有任何问题，不必用'你知道'来填补。'你知道'像其他很多类似的短语一样，暴露了说话者混乱的思维，以至于无法用言语表达——处于空档的大脑加上超速状态的舌头。"

放慢速度，呼吸，思考，我保证听众会感激这种做法。

在人群面前讲话时，你的心跳会加速，正因为如此，一秒就好像一分钟。但是如果你能训练自己比你能忍受的多停顿一秒，你会因此受益。

如何受益？

句子之间的停顿有助于听众更好地倾听。他们不必努力听到并理解呼啸而过的信息，而是能以合理的速度理解这些信息。让听众用自然的速度消化吸收体量让人舒服的信息。

停顿的好时机：

- 在讨论演讲中的重要观点时。
- 在介绍主要观点和观点之间的过渡时。
- 在解释涉及大量统计数据的细节时，停顿使听众有时间理解这些数据。

- 在强调要点时，停顿是强调要点和建立情感的好方法。
- 提出问题之后。
- 在说出演讲中值得记住的话时，比如你的行动号召，呼气放松一下，停顿能产生更大的影响。

　　停顿还能改善演讲者的行为举止。当听众以直接而有条理的方式理解了你的信息时，你会显得更自信。当你的观点没有点缀着无关的、无意义的唠叨时，它们会更有力、更有价值。

　　沉默还使你可以喘口气，在演讲过程中这非常有帮助。它会给你的大脑供给更多的氧气，使你能言辞得当。额外的喘息还会使你的声音更有活力，这样你说的话对听众会更有吸引力。呼吸是公共演讲中非常重要的一部分，但人们常常认为不需要练习呼吸，因此而忽视它。但是有效的呼吸能够把你的演讲提升一个层次，不要担心这会显得你说话

慢，吸口气，让自己想一想。

　　为了掌握停顿的艺术，你需要练习，需要耐心。有效的练习包括慢慢地大声读一篇美文。慢慢读，在短语之间停顿。每天至少读几段文字，你会注意到自己的心跳减慢了，你的语言变得更清楚了。一开始会觉得有点怪，但你也会因此受益。为了效果更好，假装你在一群人面前演讲，尽量读每一段的时候只瞟几眼纸稿。反复读这些段落，找到可以一起读的短语，这有助于你同时改进自己的呼吸和停顿。

肯尼的建议

　　在讲你的主要论点时，停顿的长度要达到沉默变得几乎让人无法忍受时，这可以有效地促使听众思考，接受你的陈述的影响。

避免磕磕巴巴

所以，嗯……这本书，写作，是因为，啊……你知道……

听起来熟悉吗？在前面的部分中，我们谈到了填充词，以及如何用时间恰当的停顿来纠正。它们在专业上被称为言语障碍，言语障碍的正式定义是"产生流畅言语的能力受到损害"[1]。虽然大多数人不知道这个术语，但知道它们是什么，这些填充词和填充短语在我们的交谈中很普遍，但通常不被注意。

为什么我们说话时会磕磕巴巴？

一个主要的原因是它们就像交谈中的拐杖，无论是和你最好的朋友交谈还是在几百个陌生人面前讲话。在不知道说什么的时候，我们用很短的、没有意义的词汇或短语来填补沉默。我们创造了对抗尴尬的防御机制，它能无意识地发挥作用。

即使像"我认为"或"我相信"这样的短语也会破坏听众对演讲者的信心，对他产生怀疑。想象乔布斯说"我认为今天的苹果彻底改变了 iPhone"，而不是"今天的苹果彻底改变了 iPhone"。注意它们的不同影响。

一定程度的随意是可取的，

---

[1] 资料来源：http://dictionary.reference.com/browse/disfluency.

但千万不能邋邋马虎。流畅得体的言语不仅能提升你的可信度，而且会使听众觉得你的演讲令人愉快，这会使他们更专注。对于那些自信、语言流畅的演讲者，人们会听得更仔细，做出更积极的回应。

那么如何消除说话时的磕磕巴巴？

充分了解内容

避免磕磕巴巴最有效，可能也是最容易的方法是反复了解你的演讲内容。这是非常有价值的建议，却被严重低估了。它听起来是显而易见的，但很多人忽视了它的重要性。

做准备不仅包括了解你要说什么，还包括尽可能多地了解演讲的主题。这意味着非常好地了解主题的复杂细节，这样你讲起来就会很灵活，不像背书那样刻板生硬。

听众很容易分辨演讲者是否在背诵演讲稿。如果你偏离了讲稿，就很可能变得笨嘴拙舌，因为你受制于特定的词汇和短语。你会更有可能说出"呃"或"你知道"，来填补重新找回讲稿思路之前的沉默。反过来，这会让你看起来好像没有准备好，不太自在。你的信心在减少，节奏被打乱了，你失去了听众。

如果你对自己的演讲主题了如指掌，这种情况就能避免。如果你把精力集中在掌握观念上，而不是死记硬背，那么你能更快、更得心应手地应对演讲中出现的错误。如果你能回答有关主题的大多数问题，在被干扰或被打断时，你也能表现得机智灵活。最重要的是，你演讲时不会再磕磕巴巴。

排练

另一种消除磕磕巴巴现象的方法是排练。

我们说过逐字逐句地背诵演讲稿很糟糕，对吗？但这不意味着可以没有具体的演讲要点，或者可以不进行全面的练习。谈到消除磕磕巴巴，排练像准备一样重要。

除非你进行练习，否则不知道在真正说出来的时候，你的演讲听起来会怎么样。如果在你认为听起来会很棒的词语或短语上出现了失误，你自然而然地会求助于言语拐杖。全靠临场发挥绝不是个好主意。

因此除非你处于进退两难的境地或者迫不得已仓促做演讲，否则你应该在正式演讲之前至少完整地排练三次。练习演讲会很累人，但当演讲者的思路不畅，却不会说些无意义的填充词时，听众的感觉会非常不同。

如果你想到一个说法，但它和演讲中的句子结构不太一致，那么你应该尽量说短句，而不是文学作品里能够读到的那种长句子。

利用沉默

消除磕磕巴巴的另一种方法是学习驾驭沉默的力量。正如我

们所说，我们天生建立了一种节奏，其中包含音调变化和语速，当你意识到这一点之后，你就能判断什么时候沉默是必要的。

肯尼的建议

说话磕磕巴巴是一个坏习惯。我最大的问题是在陈述之后总说"你知道"，虽然这似乎无关紧要，但"你知道"会让人感觉你说的话不可靠、不真诚（就像名声不好的销售员在试图说服某人）。

为了改掉这个毛病，我的一个好兄弟在我每次演讲或普通交谈中说"你知道"的时候，都会让我做俯卧撑。不用说，最初几周我的胸肌很酸痛，但最后我终于习惯了让自己停顿一下，而不是说"你知道"。

让一个值得信任的朋友监督你，你最终将学会如何控制你自己，不一定要做俯卧撑，但它确实是很好的负强化。

沉默是磕磕巴巴的最佳替代物。"拿不准就别做"是一条很好的生活准则。正如之前提到的，停顿没有任何问题，它让你能喘口气，组织自己的想法，让听众产生预期。沉默给听众消化吸收你的信息的时间，停下来喘口气不仅能避免你使用填充词，而且能降低你的心率，这有助于你保持镇静，显得更有自信。

——

你希望做得自然而有风度，不想用空洞、不必要的词来稀释你的主旨。你的每句话都要有意义，才能确保产生尽可能大的影响。

克服怯场

如果你像大多数人一样，在演讲前会感到紧张害怕，而且这种情况在你的生活中至少发生过一次，那么请放轻松，不只你会这样。

根据美国国家心理卫生研究所（National Institute of Mental Health）[①]的说法，被称为语言恐惧症的演讲恐惧是美国排名第一的恐惧（超过害怕蜘蛛、恐高，甚至超过了害怕死亡），据说高达74%的美国人害怕公开讲话。我们对公开讲话的恐惧根本上源于人类天生对他人评价的担忧。

怯场绝对是正常的，即使最优秀的演讲家也会怯场。

传奇性的喜剧演员杰里·刘易斯（Jerry Lewis）曾说："如果你说自己不紧张，你要么是个骗子，要么是个傻子，反正不是职业演讲家。"紧张说明你在乎自己的演讲，应对紧张的方式体现了伟大的传播者与神经过敏者的区别。

以下是一些不得不克服各种演讲障碍的著名传播者，这说明任何人不是一开始就会演讲的。

[①]　资料来源：National Institute of Mental Health's *Fear/Phobia Statistics*, http://www.statisticbrain.com/fear-phobia-statistics/.

- 丘吉尔（英国首相）。这位英国政治家在整个职业生涯中都在与口齿不清、结巴和严重的怯场做斗争。他通过单调乏味的排练、通过形成自己动人的演讲风格来克服言语障碍。[①]

- 沃伦·巴菲特（Warren Buffett，投资者）。在创办了自己的公司之后，这位奥马哈先知为了克服紧张，报名参加了戴尔·卡内基的演讲课。他通过在内布拉斯加大学奥马哈分校（University of Nebraska–Omaha）教授课程，强迫自己站在人前讲话。[②]

- 理查德·布兰森（Richard Branson，企业家）。受到他的导师弗雷迪·莱克爵士（Sir Freddie Laker）的激励，为了推广他自己的维珍品牌，布兰森在公开演讲之前会进行严格的排练。[③]

- 埃莉诺·罗斯福（Eleanor Roosevelt，美国第一夫人兼政治活动家）。她天生腼腆，通过公开演讲支持她的丈夫——第32任美国总统富兰克林·罗斯福的政治活动，从而克服了腼腆。[④]

- 杰·雷诺（Jay Leno，脱口秀主持人）。在青少年时期，雷诺在当地餐馆打完工后会经常到空旷的剧院练习，以克服自己的紧张。[⑤]

- 约尔·欧斯汀（Joel Osteen，传教士）。他的父亲是一位传教

① 资料来源：Josh Shosky, *How to Speak Like Churchill,* http://www.totalpolitics.com/campaigns/ 4698/ how-to-speak-like-churchill.thtml.

② 资料来源：Carmine Gallo, *How Warren Buffett and Joel Osteen Conquered Their Terrifying Fear of Public Speaking,* http://www.forbes.com/sites/carminegallo/2013/05/16/how-warren-buffett-and-joel-osteen-conquered-their-terrifying-fear-of-public-speaking/.

③ 资料来源：Richard Branson, *Art of Public Speaking,* http://www.entrepreneur.com/article/ 225627.

④ 资料来源：History Central, "Quick Facts About Eleanor Roosevelt," http://www.historycentral. com/ladies/ae_roosevelt.html.

⑤ 资料来源：TJ Walker, *Conquer Public Speaking Fears the Jay Leno Way,* http://www.tjwalker. com/2013/10/22/conquer-public-speaking-fears-the-jay-leno-way-fear-of-public-speaking/.

士，追随父亲的脚步，欧斯汀每周都会布道，应对他对演讲的恐惧，从而不断精进自己的演讲技艺。[①]

- 路易斯·C.K.（Louis C. K.，喜剧演员）。他设计了一些小仪式来克服紧张，其中包括静静地坐在后台或者看着观众，感知他们。[②]

这些人都面对过相同的恐惧，就像很多人一样。他们找到了超越恐惧、实现目标的方法，他们没有让怯场阻碍成功的道路。

虽然你的怯场可能永远也不会真正消失，但这不是世界末日，关键是在上台前找到适合自己的演讲仪式并进行练习。

以下就是一些仪式：

- 排练。经常练习，分部分地排练演讲，使它更易控制，并向值得信任的群体征求反馈。

- 欢笑。科学研究揭示笑声能使大脑产生一股多巴胺（让人感觉良好的激素），让我们放松。试着在登上讲台前听一听你最喜欢的喜剧演员的单口喜剧，以缓解你的紧张情绪。还要学会笑对自己在排练或演讲中犯的错，这样你会更快恢复，不发出负能量。

- 冥想。静静地坐着，聚焦于你希望听众记住的一个最重要的观点。学会如何排除头脑中让人分心的东西，控制恐惧还能够收获舞台以外的益处。

- 感受听众。事先花时间了解听众，和一些听众握握手，问些问题。你应该尽可能多的与听众建立联系。

[①] 资料来源：Carmine Gallo, *How Warren Buffett and Joel Osteen Conquered Their Terrifying Fear of Public Speaking,* http://www.forbes.com/sites/carminegallo/2013/05/16/how-warren-buffett-and-joel-osteen-conquered-their-terrifying-fear-of-public-speaking/.

[②] 资料来源：Bradford Evans, *The Pre-Show Rituals of Comedians Just Before They Go on Stage,* http://splitsider.com/2012/09/the-pre-show-rituals-of-comedians-just-before-they-go-on-stage/.

- 调查演讲场地。如果有可能，调查演讲会场。在要演讲的实际舞台上排练各个部分的演讲方式并熟悉这些方式，这是肯尼偏爱的方法之一。

- 把开场白背下来。演讲中感到最紧张的部分是最初的 7 秒钟，在这段时间里，吸引住听众至关重要。把开场白背下来能够确保讲得更准确、更具体。

- 听音乐。听一首能让你平静或激励你的歌曲，这取决于你的偏好。肯尼在上台前会这样做。

- 做呼吸练习。如果演讲让你焦虑，请尝试呼吸练习。学会正确地呼吸有助于你控制速度。我们向客户推荐过一个很受欢迎的练习，那就是站起来，两腿分开，与肩同宽，双手放在胃的部位，深深地吸气，慢慢地呼气。

- 做想象练习。在排练时想象自己的演讲很成功，气氛是怎样的？背景中发生了什么？听众对你的演讲有什么反应？为了达到最好的效果，在你的想象中使用尽可能多的感官。你可以把它和冥想结合起来，这可以提升你在演讲前的信心，感觉就好像你已经做过演讲了。

每个人都有自己克服怯场的仪式，只要对你有效，就尽情发挥创造力。记住，听众在为你巩固基础，他们希望你获得成功，没人想看到你一败涂地。听众听你演讲是为了获得很好的体验，而好体验的前提是你取得成功，所以你和听众是站在同一边的。记住这一点有助于消除紧张。

最后，优秀的沟通是一种习惯。

排练

我们都知道排练是多么重要。就像大多数事情一样，演讲需要一定程度的准备。但是，为演讲做准备不同于排练。当说到排练，我们指的是从头到尾实际做演讲的行为，不只排练一次，至少三次，不断排练，直到你对自己的内容和演讲感到自信、自如为止。

这就像演奏乐器，练习得越多，你演奏得就越好；演奏得越好，表演的时候就会越不紧张。以下是一些建议。

规划你的演讲时间

你有多少时间做演讲会影响你的演讲方式。在排练时，给每个演讲要点分配具体的、恰当的时长，这不仅有助于你不跑题，而且使你在被打断的情况下能做出调整。规划你的时间，就好像在一群人面前演讲；而更好的是，真的在一群人们面前排练，规划你的演讲时间。由此你会增

肯尼的建议

当不放幻灯片我也知道该说什么的时候，我就知道我准备好做演讲了。

进对自己的了解，而了解程度会让你吃惊。

思考演讲的其他方面，比如主持人介绍你或最后的问答环节。你有 45 分钟做演讲吗？可以用 35 分钟演讲，给问答环节留下足够多的时间，或者留出万一出问题时所需的喘息空间。时间太多总比时间不够用好。

收集反馈

了解你的优势和不足很重要。请几位朋友、家人或同事评价你的演讲，问他们演讲中哪部分最好，为什么；哪些方面可以做得更好；是否有他们不明白的地方；他们是否觉得演讲吸引人，于他们有情感上的连接。最后的问题，也是最重要的问题是："演讲打动你了吗？"你要确保这些人绝对对你坦诚，以及那是最有价值的反馈。

如果你没时间找听众，那么可以用智能手机或摄像机把自己的排练录下来，就像职业运动员会通过观看自己和竞争对手的录像来取得进步一样，你也可以。一开始这样做可能让你感到不自在，但你会吃惊地发现观看自己的演讲会让你了解到很多东西。当你从听众的角度来观察自己时，各种细节都会变得更明显，从声音控制到手势，你会知道自己哪些方面做得不错，哪些方面需要改进，这样你的演讲能力会

肯尼的建议

在排练时，让听众问尽可能多的有关主题的问题，这是为棘手问题做准备的简单方法。在真正演讲时，如果听众问了一个你无法回答的问题，不要着急，比较好的做法是实事求是，告诉他们你日后会给他们解答。下来一定要真的通过社交媒体、电子邮件或其他手段跟进这件事。

提高。无论是从其他人那里得到实时的反馈，还是观看自己演讲的录像，要设法收集别人的评论或对自己进行评论，这是很有价值的。

实时排练

像真实演讲一样进行排练，排练到你觉得已经掌握了演讲中的每一个角落。各个方面都应该被排练到，从支持性内容到幻灯片设计，再到演讲时的语言。练习各种细节，甚至包括使用适当的音调变化或站立方式，这会让你在真正演讲时从容自如。

你可能想站在镜子前排练，以获得一些视觉反馈，但你一定要记住，这不是你真实演讲的方式。在演讲时你看着听众的面孔，其中一些你并不认识，你在舞台上来回走动，明亮的光照着你。可以去演讲会场，在那里排练你的演讲，你的身体会根据环境做出调整，这会把头脑解放出来，只聚焦于演讲内容。

———

在排练时你应该注意什么？在收集反馈时，你也可以采用以下几点作为标准。

- 身体语言。你是否表现得自信？你的面部表情、手势和姿势如何？
- 演讲的时间控制。你有没有超过时间限制？
- 语气。你的语气听起来怎样，很自然还是有些局促不安？
- 演讲的连续性。你是否说了会干扰演讲的流畅性的话？
- 信息的有效性。你是否引起了听众的关注？你是否使用了会疏远听众的术语？
- 演讲的速度。你是否保持着良好的速度？你是否呼吸正常，没有匆忙地把演讲讲完。
- 舒适区。你感到焦虑吗？你感到自信吗？你放松吗？
- 听众的反应。你是否与听众建立了连接？你能否与他们产生共鸣？

当出现以下情况时，你会知道自己已经准备好了：

- 你听起来非常自然，演讲中没有尴尬的停顿或发音错误。
- 没有填充词。
- 你的演讲和幻灯片的切换同步。
- 没有视觉资料你也可以做演讲。
- 自己听自己的演讲都会兴致勃勃。

每个人都不一样，各自的练习方法也不相同。无论你的方法或仪式多么独特，都要坚持排练，不断根据反馈做出调整，改进你的演讲，直到登台。不断排练、改进、再排练，直到至善至美。

但是如果没有时间排练怎么办？

肯尼的建议

任何演讲都不是完美的，所以不要给自己那样的压力，总会有你无法控制的因素，对你的演讲掌握到能够应对任何情况就可以了。

应急演练

不可能事事都按计划进行。那没关系，我们希望你能对演讲中可能发生的意想不到的事情有所准备。无论是一开始忘了要演讲，还是不得不即兴演讲，我们都会给你提供一些在压力下排练的建议。

出于某种原因，如果排练的时间非常有限，你就不要纠结于细节了。重要的事情优先：确定内容，聚焦于你的主要观点。你能一句话总结你的主旨吗？如果不能，努力缩小内容范围。内容是演讲的基础，这是你为什么演讲的原因，所以一定要切实抓好内容。你越早把注意力集中在核心内容上，你就有越多时间排练次重要的方面：发表演讲。

相对于演讲，人们总是会更多地记住演讲者。如果你只有很少的时间排练，一定要争分夺秒，不要陷入不必要的细节。排练演讲的结构，练习你的演讲要点，直到它们听起来非常自然。你甚至可以利用这种状况，你可以不在乎它，坦率地说明情况，哪怕是开自己的玩笑。听众会看出你是放松的，会欣赏你的坦率。在能够从容自信地应对演讲内容和演讲方式之后，用剩下的时间简化你手头的视觉资料。

很可能你不需要做设计得很专业的幻灯片，但如果有额外的时间，你可以准备几张清爽好看的。

在大鱼演讲公司创业早期，

肯尼被邀请为一屋子创业者做15分钟的即兴演讲，他只有一个小时做准备，没有文案，没有设计师，什么都没有。

那么他是怎么准备的？一开始他聚焦于两件事：了解听众，和他们建立情感联系。他把准备时间分成30分钟创作内容，30分钟排练。

接下来，他确定了重要观点。然后他很快把演讲分成由3个部分组成的结构：开场白、支持性内容（重要观点的3个方面）和包含行动号召的总结。

听众更有可能记住分3部分呈现的信息。肯尼遵循了"三分法"，设计出他希望听众记住的3个要点，然后为每个要点安排支持性内容。这样要点不仅容易记忆，而且容易理解。在最后一部分中他简要复述了主要观点。设计完成的演讲结构看起来是这样的：

- 开场白。
- 要点1。
- 要点2。
- 要点3。
- 复述要点。
- 结尾/行动号召。

之后，他专心设计有力的开场白。开场白是怎样的？先是讲一个自己的故事，让听众了解他，建立联系。然后肯尼探讨了要点，由此号召听众采取简单但有效的行动。在这次演讲中，他选择用一句引述和一个问题结束演讲，这句引述反映了演讲的影响力，而那个问题则鞭策听众提升自己的演讲能力。

现在他的演讲结构看起来是这样的：

- 开场白（大鱼演讲公司的故事）。
- 要点1：讲故事（好故事的要素有哪些？背景、英雄、反派和悬念）。
- 要点2：设计（好设计的原则是什么？如果没时间准备幻灯片，讲出来，而不是演示出来，用讽刺引发听众欢笑）。
- 要点3：发表演讲（身体语言、

肯尼的建议

我没有时间为这次演讲准备幻灯片，我宁可没有幻灯片，也不想用糟糕的幻灯片。我把大部分准备时间集中在演讲内容和演讲方式上，这使我获得了几点新认识。如果你的时间很紧，以下有3条快速技巧：

1. 把幻灯片留到最后。把时间花在制作清晰的演讲内容上。你的听众想要什么或期待什么？

2. 不要为演讲稿烦恼。粗略的提纲就可以，之后你可以用声龙听写（Dragon Dictation）这样的应用程序转录你的演讲。

3. 留出至少够排练一次的时间，把排练录下来，你可以通过观看录像改进你觉得不好的地方。

激情和预期会如何影响听众）。

• 复述要点（讲故事＋设计＋演

讲＝听众体验）。

• 结尾／行动号召（引述和问题）。

肯尼创建了内容后，便把精力集中在如何演讲上。当把每个部分都排练完之后，他测定了整个排练的时间。在上台之前，他不断对内容进行编辑，尽管时间有限，但肯尼讲得很好，他的演讲很受欢迎。通过讲故事和自嘲式的幽默，他和听众建立起了情感联系。在演讲前认识几位听众也会有帮助。

如果你不得不即兴演讲，要记住，人们会更多地记住你，而不是演讲本身，你用的心力一定要比用的脑力多。

我们认为肯尼结束演讲的方式也适用于结束这个部分。你可能还在猜想他用什么引述结束了演讲，对吗？

人们可能不会记住你做了什么或说了什么，但他们会记住你让他们有怎样的感受。

——马娅·安杰卢

网络研讨会

我们生活在数字世界里，因此经常有人问我们如何通过数字化的形式，比如通过远程的、在线的网络研讨会做好演讲。虽然在网络上做演讲不用担心怯场的问题，但这是一把双刃剑。如何和实际不在你面前的听众建立联系呢？

- 创建日程表。创建一张日程表，列出在演讲前你需要完成什么：创建内容，完成幻灯片，进行完整的排练，发起网络研讨会，测试试听设备，与参会者互动，等等。网络研讨会可能比站在台上的演讲更费时间。
- 检查视听设备。在开始进行你的网络研讨会之前，要确保有稳定的 Wi-Fi 连接，麦克风和耳机工作正常，有可靠的网络会议程序（比如 Go-to-Webinar 或 Webex）。不断测试这些方面，确保你已经做好了准备。
- 给你的网络研讨会起一个吸引人的标题。一个有意义的好标题对吸引听众注册并收听至关重要，你的主题一定要是目标听众的兴趣所在。
- 多位演讲者组成的演讲小组。只有一位演讲者会很单调，可以考虑采用多位演讲者，使网络研讨会的节奏有所变化，从而保持听众的兴趣。要确保每位演讲者探讨的是主题的不同方面，避免出现重复。其他演讲者可以向他们的人际网络推广这个研讨会。

- 营销你的演讲。与你的联系人、博客订阅者、社交媒体上的好友和粉丝分享你的活动，为他们创建一个短信模板，方便他们与他们的朋友分享。以下是一个简单的例子：

> 你好（人名）!（日期、时间、地点）有一个（你的公司）的（你的名字）举办的很棒的网络研讨会。他非常擅长（某个领域），我相信通过（网络研讨会的内容要点），将有助于你发展（接收者的公司）。

不要在研讨会之前很久就开始推销，我们建议提前两三周，这样参会者应该还会比较清楚地记着这些信息。如果你想做得更多，那么可以给参会者发一封手写的短信或一份宣传资料。

- 发送提醒。像对待一场活动一样对待你的网络研讨会。至少提前两周发出友好的日期提醒，以便参会者安排他们的日程。提醒应该包含日期、时间、和其他人分享研讨会细节的方法，以及收听或收看指导。如果他们需要提前下载软件或扩展程序，一定记得告诉他们。在演讲前一个小时联系参会者并提醒他们也是很好的做法。

- 网络研讨会要简短有料。15分钟可能太短了，但超过一个小时就太长了。参会者在给予你专一的注意力，你承诺要给他们提供价值。甜蜜点应该在30~45分钟，留10~15分钟给问答环节。你在和其他很多干扰物争夺观看者的注意力。

- 传递独特的或新颖的内容。网络研讨会的素材一定要是不能在网上轻易找到的。如果你可以用谷歌搜索引擎找到相同的信息，那么可以分享它们，但不要花一个小时来讲它们，不要浪费听众的时间。

- 慢慢地呈现你的幻灯片。太快地播放幻灯片会分散观看者的注意力，放慢速度，你的重点应该是让观看者跟进你的内容。如果你的幻灯片数量很多，那么可以想办法让他们在演讲之后得到幻灯片，比如把它贴在网上或通过社交媒体分享。

- 鼓励听众互动。在网络研讨会期间，鼓励听众给你发电子邮件、提问题，或者用专门的标签和你在推特上互动（这也能增加你的社交吸引力）。如果听众比较多，要确保有人负责收集回答问题所需的资料并帮你回答这些问题。在网上保持参与者的注意力并通过社交平台进行交流是很困难的事。

- 避免背景噪音。如果你需要照着稿子做很正式的演讲，那么请对参会者做静音处理，让他们通过社交网络发给你问题。

同时有太多人说话或有背景噪音会严重分散注意力。

- 提供可行的建议。像任何演讲一样，网络研讨会应该有与会者能采用的可行的建议。在研讨会之后在线分享资料是很好的做法，这样与会者能够学到更多，还能够联系到你。

- 反复利用你的演讲内容。把网络研讨会录下来，上传到你的博客、优兔和 SlideShare 等网站上。要尽快分享，趁着这时它在听众的记忆中依然很鲜明。

对于营销、内部电话会议或工作坊来说，网络研讨会是很好的方式。记住，你不在现场并不意味着你获得了免费入场券，管理听众的注意力依然是你的责任。

给人们听你演讲的理由，这样你才会成功。

结论

演讲的艺术包括与听众建立联系，保持他们的兴趣，让自己令人难忘。自信、有趣、充满激情地做演讲始终是具有挑战性的。你必须找到自己的演讲风格，控制好时间，有效地运用身体语言，消除磕磕巴巴，不知疲倦地排练。如果你做得对，听众会记住你的演讲，会回想起它，会和其他人分享。

这就是改变发生的方式。

在接下来的章节中，我们将谈到创建演讲的整体氛围的重要性以及如何创建这样的氛围。做演讲不只涉及传递信息，还涉及以独特的、令人难忘的方式演讲，改变听众的心灵和思想。也就是说，它涉及呈现一种体验。

挑战

演讲新手

- 在下次演讲前尝试新仪式。
- 下次演讲时，在讲完所有要点后留出 5~7 分钟。
- 把你的排练录下来，注意其中语言的不流畅、身体语言和活力水平。

演讲专家

- 演讲中磕磕巴巴的情况不能超过 3 次。

- 安排一次有听众的排练，采用"收集反馈"那个部分提供的问题。

- 不用幻灯片做 20 分钟的演讲。

第 5 章

呈现一种体验

在真正经历之前，什么都是假的。

——拉尔夫·沃尔多·爱默生

你如何定义体验？

它是你周围的物理空间吗？它是你接收到并记住的景象、声音和气味吗？它是和你在一起的人吗？或者它不止这些事物？当我们说创造体验时，指的是当一个观念引起人们的共鸣时，他们体会到的感受。

在与听众分享你的观点时，你的目标不只是提供一系列要点，如果是这样，给他们发一张写着要点的纸就可以了。你的演讲不只是展示美丽的图片、侃侃而谈、使你能听到自己的声音，伟大的演讲旨在激励、娱乐或说服听众做出改变。

我们已经探讨了设计、内容和演讲，这章会有点不同。我们会为你提供如何成为更好的演讲者的建议，但主要目标是给你灌输超越你的演讲的渴望。不要只考虑幻灯片和舞台，思考你想给听众留下什么。

在本章中，我们将讨论以下内容：

· 脱颖而出。

· 体验之前。

· 让听众参与进来。

· 体验之后。

· 应急演练。

· 如何获得宝贵的反馈。

在你写作、设计和练习演讲时，想一想你希望为听众创造什么样的记忆。你希望他们只是跟着点头，做笔记，告诉他们的朋友吗？或者你是否希望他们获得独特的感受，获得多年后依然能记得的东西？

如果你想实现后者，那么你为探究如何呈现体验已经做好了准备，这是大鱼演讲法的顶点。

脱颖而出

做杰出的演讲是一回事，创造独特的、令人激动难忘的体验是另一回事。当然，在 30 分钟的演讲中展示漂亮的幻灯片，分享有趣的观点并不是很难的事。这没什么错，就是把任务完成而已。

但是如果你再多做一些会怎样？如果你可以给听众造成持久的印象会怎样？如果你打造的体验使他们在回家的路上依然在深思，或者改变了他们看问题的方式，甚至给世界带来了改变，那会怎样？

为了真正产生影响，请用大鱼演讲方法的三个步骤，将演讲转变为听众的体验：

- 吸引人的内容。
- 简单且令人难忘的视觉资料。
- 有影响力的演讲。

吸引人的内容

第一条规则是了解你的演讲内容。那第二条规则是什么？对内容熟悉到可以通过故事来分享的程度。讲述条理清楚的故事会使你的演讲生动有趣，牢牢地吸引住听众。要非常详细地计划好你要说的话。你或许认为只要了解了内容，你就能即兴演讲，你当然可以即兴演讲，但不会脱颖而出，听众会注意到一些小事情，比如想不出合适的词或跑题了。当听众注意到这些事情时，他们很有可能在潜意识上不再尊重你。详细规划演讲会让你更有信心，听众会注意并记住这一点。

简单且令人难忘的视觉资料

幻灯片应该是创造听众体验的辅助手段，而不应该是准备不足时的拐杖。每张幻灯片都应该用最简洁的文字和独特的设计来传递有力的信息，视觉资料应该对你的信息具有补充作用，而不应该分散听众的注意力。如果屏幕上有太多的图片或文字，听众很难完全理解它们，更难记住它们。不要在一张幻灯片上塞太多东西，把内容分解，分散在几张上。你的听众会记住吸引人的语句、简单的图像和简短的视频。将大胆的设计与有力的信息结合起来，你会成为独特的、令人难忘的演讲者。

有影响力的演讲

语气、身体语言、激情，这些与你的演讲内容或设计无关，但它们对提供体验是至关重要的。你的主题本来很有趣，而且做了漂亮的幻灯片，但如果你讲得乱七八糟，那么内容和幻灯片全都无济于事，你的演讲依然会失败。你必须一遍一遍地排练你的演讲，演讲内容可能很有条理，但需要通过练习你所说的才能反映你的演讲内容。如果排练得好，尚可的演讲可以变成一流的演讲。当可以自如地表达演讲内容之后，你应该专注于充满激情的表达，这会使你成为令人难忘的演讲者。

———

如果你掌握了这 3 个步骤，你做的演讲就会是令人难忘的。不过让我们挑战一下自我，如果你希望自己的观点被真正地倾听，就应该设法与听众建立连接。

运用五感

把每一种感官看成是接触听众的渠道。演讲通常仅诉诸视觉和听觉，但如果你超越它们会怎样？不要错过任何可以与众不同的机会。以下是如何发掘听众的五感的方法。

视觉

加入一些不同寻常的东西，比如令人眼花缭乱的高科技演示或能让听众上当的魔术。科技魔幻师马可·谭普斯（Marco Tempest）利用了复杂的数字道具、先进的照明设备和精湛的表演技巧。眼见为实，如果方式得当，任何挑战听众信念的事物都是引人注目的。

味觉

肯尼上六年级时，阅读课正学习越南文化。肯尼的妈妈来到课堂上，讲述他们如何从越南来到美国，她如何学会为家人做各种菜。在她讲的过程中，一些春卷（传统的越南小吃）被分发给学生们，同时肯尼的妈妈讲解了制作原料。他们的各种感官被调动起来：嚼春卷的嘎吱嘎吱声、气味、感觉、样子和味道。

从逻辑上看，给所有听众提供品尝的机会可能有困难，但如果展示的是消费类产品，那么你应该让听众真正了解你推销的东西。

在金索普·李（Jinsop Lee）的 TED 演讲《五感设计》中，他倡导用设计创造出令人难忘的超感官体验，结束演讲时他向听众抛洒糖果。不过不要在牙科会议上尝试这种做法。

肯尼的建议

访问以下地址，可以看到我妈妈做的美味春卷的视频食谱：www.flipmyfood.com/segment/grilled-pork-spring-rolls。

触觉

在你的演讲中纳入触觉可以使听众获得直接的感受，无论你是在展示一项新技术，还是在试图证明更重大的观点。还记得小学时科学老师讲解化石并让你们传看、触摸化石样品时那种感觉有多酷吗？你能感受到化石在手中的分量，想象这些动物或植物

肯尼的建议

创造沉浸式体验的一种方法是在演讲中加入 3D 打印，这种方法适用于希望在宣传活动中制作产品原型的公司，把设计发送给 Maker Bot 商店。在宣传推广活动中，这会给予你优势，因为听众需要看到有形的实际产品。你可以在以下网址获得免费的 3D 模型：http://www.123dapp.com/。

活着时是什么样，这使得体验和信息更深入，与你的关系更密切。那时它很酷，现在它更酷了。

气味

如果做得不恰当，气味会是很冒险的一招，但在演讲中引入气味能够有效地使听众成为你的故事的一部分。无论是谈到你妈妈的饭菜时分享食物的香味，还是喷难闻的古龙香水，讲述第一次约会时的尴尬故事，气味都可以成为你强大的盟友，也可以成为你最大的敌人。足够的气味能为你的故事设置场景，但过多的气味会分散听众的注意力，你要自己承担由此而产生的风险。

声音

在演讲中利用声音，从演奏乐器到改变说话的方式，只要声音与演讲主题相关，展示永远优于讲述。当你在谈论声波或早期的爵士乐时，如果听众能听到示例，他们会更感兴趣、更投入。例如，在本杰明·赞德

（Benjamin Zander）的 TED 演讲《古典音乐的变革力量》中，他通过演奏钢琴阐释了自己的观点。他不仅解释了音乐能够讲述故事，而且表现了出来。在你的演讲内容中结合声音能够大幅提升演讲的有效性。

———

触发每种感官的目的是引起听众的情绪反应，保持他们的兴趣和投入。一定要确保演讲场地能够满足你的计划的要求。

你不一定有机会事先考察场地，但如果你可以进行初排，一定要探查演讲场所。即使你没有计划使用全息图、先进的机器人或伴舞，也应该对要演讲的环境有所了解。就像战场上的战术家一样，了解地形只会增加你获胜的机会。四处走走，提些问题，练习你的演讲，检查电源插座，试试麦克风。

在想办法给听众留下深刻印象时，你一定要切实执行你的设想，实时地进行彻底的排练，确保真正演讲那天取得成功。

富有创造力的演讲举例

如果你在寻找灵感，可以观看专业人士做的演讲。TED 是一个很好的资源，类似 TED 这样的组织专注于把它们的会议做成充满情感、令人难忘的学习体验。通过观看一些最杰出的演讲者的演讲，你不仅会受到启发，还可以尝试把他们的一些方法借鉴到你的下一次演讲中。

以下是一些演讲示例，它们用简单但有影响力的演讲技术为听众创造了难忘的时刻。

运用统计数据

在 TED 演讲《给予孩子食物教育》中，厨师杰米·奥利弗说："在接下来的 18 分钟演讲中将会有 4 个美国人死于他们所吃的食物，这真令人难过。"

用一个令人震惊且与主题相关的统计数字开场，传递了演讲的重要性和紧迫性。

运用故事

作家奇麻曼达·阿迪契（Chimamanda Ngozi Adichie）在演讲《单一故事的危险性》中分享了故事的力量如何使她在工作中找到了自己独特的方式。

用吸引人的个人故事与听众建立情感联系并激励他们。

运用设计

在演讲《运动员真的变得更快、更高、更强了吗》中，戴维·爱泼斯坦（David Epstein）用大胆的幻灯片设计展示了身体机能如何随着时间而变化。

使用高品质的幻灯片，你不需要怎么解释就可以强调你的观点。

运用思维路线图

2014年在得克萨斯大学所做的毕业演讲中，威廉·麦克雷文上将详细描述了从海豹突击队的训练中总结出来的10条建议。

在演讲开始时预览要点的数量可以让听众在头脑中有一张路线图，从而知道你现在讲到什么地方了。

运用悬念

在iPhone发布演讲中，史蒂夫·乔布斯在介绍变革性产品之前谈到了3种产品所具有的功能，而他的变革性产品兼具这3种功能。

为了最后的大揭示铺垫你的要点。

运用震惊

在TED演讲《蚊子、疟疾与教育》中，比尔·盖茨在演讲的房间中放入蚊子，在听众认识到有关疟疾的可怕真相后，这引发了他们的不适。

为了解释你的观点，可以考虑做些出格的事情，如果有利于传播你的主旨，要敢于做会让听众感到不舒服的事情。

运用道具

我们采访过TED演讲人迪

用道具或实物来解释你的主
要观点或行动号召。

埃里克·瓦尔（Erik Wahl），2012年E-Biz论坛
flickr/IDEA4Industry

玛·加维（Dima Ghawi），她谈到了如何突破自己的文化局限，发现内部的领导者。在 TED 演讲《打破玻璃：领导中的故事》中，加维谈到她的祖母把中东女孩的声誉比作玻璃花瓶，如果有了裂痕或破碎了，人们永远会认为她们是有瑕疵的。加维在人生的后期打破了想象中的玻璃花瓶的局限。在 TED 演讲的结尾，迪玛在台上摔碎了一个真花瓶，分给每位听众一块小碎片，用写着"记得打破你的局限"的纸包裹。这样在演讲结束后很久，听众依然会记得她的故事。

你可以在现场通过绘画来展示创作艺术品的过程或讲述一个故事。对听众来说，看着一个作品在眼前慢慢完成是很吸引人的。

运用视频

在 2012 年谷歌 I/O 大会的演讲中，谷歌的联合创始人与在空中戴着谷歌眼镜的跳伞者进行视频会议（一种增强现实设备，能够向其他人展示你所看到的东西）。为了获得戏剧性的效果，跳伞者最终降落到了会场中。

运用能够产生情感共鸣的视频展示你的产品或服务会如何改变人们的生活。

运用幽默

喜剧演员梅逊·扎伊德在

TED 演讲《我有 99 个麻烦……瘫痪只是其中一个》中讲述了她的脑瘫生活，她的自嘲式幽默、魅力和机智使听众禁不住爱上了她。她用自己的故事吸引住听众，让他们一直欢笑。

运用数学

在《"数学魔法"的表演》中，亚瑟·本杰明（Arthur Benjamin）展示了他如何能和计算器同时完成复杂的心算。

炫耀惊人的或复杂的技能不仅能引发敬畏感，而且会引发思考。

运用音乐

本杰明·赞德在 TED 演讲《古典音乐的变革力量》中现场演奏了音乐。演奏音乐不仅是娱乐听众的一种方法，而且也是一种完美的展示方法，而不是通过讲述。

运用舞蹈

《舞蹈与演示文稿，一条小小的建议》是一场开创性的 TED

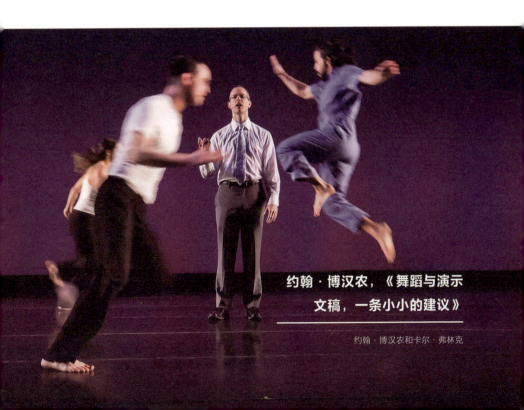

约翰·博汉农，《舞蹈与演示文稿，一条小小的建议》

约翰·博汉农和卡尔·弗林克

演讲，它由作家约翰·博汉农（John Bohannon）、编舞兼导演卡尔·弗林克（Carl Flink）和他的舞蹈公司黑色标签运动（Black Label Movement）合作创作，他们用舞者而不是幻灯片来阐释演讲。

运用魔术

基斯·贝瑞（Keith Barry）在《大脑魔术》的演讲中表演了不可思议的魔术。

魔术是一种经典的娱乐形式，可以被用来表达真正令听众难以忘怀的观点。

运用科学

在世界科学节上，博比·麦克费林（Bobby McFerrin）展示了我们的大脑如何学会五声音阶。他用舞台上特定的位置对应特定的音符，他在舞台上移动，观众发出音阶上对应的音符。通过这样做，观众成了麦克费林的乐器，他在演奏观众。结果令人震惊，观众很喜欢这种方式。你可以在 TED 的网站上观看麦克费林的演讲，标题是"博比·麦克费林展示五声音阶的力量"。

不要用力过猛，你不需要每次演讲都像 TED 表演一样，但富有创造力很重要。表达你自己，让观众看到你的激情。做点独特的事情一定会有助于缔造令人难忘的体验。

如果你已有的内容能够把观点阐释得很透彻，那么就不一定要加额外的元素了。如果额外的元素并不能起到任何显著的作用，那么就不要加它们。最后，重要的是听众能够理解你的主旨并遵照它采取行动。

博比·麦克费林

世界科学节

haak78/Shutterstock.com

体验之前

正如你已经知道的，伟大的演讲需要准备，你需要确保各个部分能够协同发挥作用，一切都如计划进行。此外，你还能做点什么？

让世界知道你的名字和你的观点。在社交媒体上建立并保持存在感，以恰当的方式推销自己能够增加听众的人数，扩大你的人际网络。

给你的演讲起一个吸引人的、容易分享且简单直接的标题。让人们觉得你的演讲是值得分享和点开的，它给人们提供了问题的解决方法。激发他们的好

奇心，调动他们的兴趣。但是你要注意推广的频率，你希望潜在的听众能够知道你的演讲，但不希望他们被重复的信息搞得兴味索然。

同样的原则也适用于开始和听众对话的时间早晚。你需要找到一个皆大欢喜的时间中间点，一方面要足够早，使人们可以为即将到来的演讲做计划；另一方面又不太超前，以至于他们忘了逐渐临近的演讲。

通过互联网、社交媒体和其他可以接触到感兴趣的参加者的新方式推广你的演讲。像对待竞

肯尼的建议

当我签订了演讲合约后，我的团队通常会在演讲前两三周开始做推广。这使我可以在演讲前通过社交媒体与参加者交流，了解他们想听什么。我曾经这样做过，在演讲前与一些参加者交往，还建立了非常好的关系。这不仅令我感觉很棒，而且在演讲当天，什么也比不上听众中有你的几个粉丝。

选活动一样对待你的演讲，向有影响力的人推广它，促使他们参加并带来他们的朋友。和你的活动协调人谈一谈他计划如何推广绝对没坏处，这样你可以判断是否存在合作营销的机会。例如，TEDxLSU 的营销团队发布了少量演讲者的名字，当宣布肯尼的名字时，大鱼演讲公司在社交媒体上分享了演讲的预览视频。

制造口碑的其他方法还有：

- 与活动组织者合作，利用会议的渠道来推广你的演讲。如果这个组织有博客或即时通信方式，你可以贡献一篇文章，让所有的参加者都能读到。组织者在推特上还会有特殊的标签，这样你可以和会议的听众进行互动。
- 邀请潜在的客户或投资者参加你的演讲，免费为他们提供本应该付费的建议（确定你发送了）。
- 用脸书、推特和领英对听众进行调查研究，与他们建立联系。
- 分享一小部分演讲（用SlideShare），让听众为即将到来的演讲有所准备。通过给予一些有价值的东西，让听众感受到你的友好和可信，但是一定不要和盘托出。
- 了解哪些记者或博主会参加你的会议，主动提出演讲后接受采访。

- 在向参加者宣传你的演讲时，提供赠品或为正确回答你提出的问题的人提供奖品。
- 请专业人员给你的演讲录像，之后你可以把它上传到社交媒体上。

肯尼的建议

虽然这个部分主要针对的是大会演讲，但其中一些经验也适用于小型的演讲。如果我要给我的团队成员做一次内部演讲，我会发一份议程，让他们了解他们将会听到什么，这样他们可以准备问题，甚至在演讲前提交这些问题。

让听众参与进来

公共演讲的基本原则之一是听众互动和听众的参与。你应该说给听众听，而不是自说自话，把听众当背景。这是一条非常重要的宗旨。如果你真的想让一群听众融入其中，那么比让他们参与演讲更好的方法是什么？

很多演讲者，甚至非常优秀的演讲者也会陷入某种"演讲泡沫"，我们过分关注自己的想法，忘了实时地满足听众的需求。你可能专注于准确地表达观点，清楚地阐述，进行眼神交流，但忽视了与眼前的听众互动。这是很容易忘记的事，而且经常被忘记，结果听众已经习惯了传统的演讲。演讲者站在舞台上，提个问题，来回走动一下，在某种程度上，作为一个很有前途的演讲明星，这样做可能是有益的。如果听众习惯了老式的演讲，任何非常不同的或令人兴奋的元素都会是一种飞跃，使演讲优于他们以前看过的演讲。

研究者兼《让大脑自由》（*Brain Rules*）的作者约翰·麦地那（John Medina）说，大脑平均9分59秒后开始走神儿，无论话题有多有趣。在此期间，你必须开始提供吸引人的渠道，使听众不仅可以与你重新建立联系，也可以彼此沟通。

这涉及弥合听众与演讲者之间的隔阂，创造出人人都能分享的体验，哪怕只有几分钟。

演讲的环境与情况存在很多不同的类型，从小型的会议室演讲到大型的全球发布。当然每种类型都有与听众互动的潜力，但我们在这里提供的几种方法适用于很多类型。

活动

让听众参与活动可能是最有效的互动方式。活动迫使听众采取行动，而不只是听听。当他们被赋予一项任务或被促使进行思考时，他们会觉得自己在为演讲出力。因此你的演讲也和他们有利害关系，你给予了他们目标感和方向感。

还记得埃里克·瓦尔，那位涂鸦艺术家吗？他让听众做各种令人难堪的活动，以此展示勇气。作为回报，他把演讲现场画的作品送给他们。瓦尔知道每个人都想要一幅，他通过制造悬念，拿一些东西做赌注，使听众始终很投入。

活动可以从简单的破冰活动到单个玩家或多个玩家的游戏。它们应该能让观众互相竞争、协作或只是玩得开心。它们不一定与你的演讲内容有直接的关系，但如果有直接的关系当然会更好。你的目标是让人们活跃起来，张口交谈，开动脑筋。你希望听众头脑敏锐，为接收你的信息做好了准备。

对于15~25人的小型研讨会，一个很好的破冰活动是无酒精版的"从来没有"问答游戏，它可以评估听众的知识水平。让所有参会者伸出10个手指，开始"从来没有"的问答，以类似"读完演讲中的每张幻灯片"这样的陈述结束。当某位听众做过陈述中的事情时，他就放下一根手指，持续这样的过程，直到没有手指伸着或者你的问题都问完了。根据听众的竞争性（销售团队和经理主管们的竞争性特别强），你可以设置奖品，比如礼品卡。除了可以进行对话之外，这也是一个有趣、简单的呈现观点或事实的方法，这些观点或事实能够提升对目标的意识。

其他活动还包括：

- 针对较少的听众。分组讨论一项挑战，与其他人分享结果。
- 针对较多的听众。角色扮演，比如和一名听众进行推销互动。
- 针对各种规模的听众。对听众进行小考试，给予参与者奖品。

肯尼的建议

设法让听众笑话他们自己可以使你更受人喜欢、更易接近。在主题演讲中我最喜欢做的事情之一是请一位志愿的听众模仿我所描述的正确的身体语言。例如，如果我说"进行眼神交流"，志愿者常常会以一种诡异的，但非常滑稽的方式盯着众人。这是破冰的好方法。

提问

提问不只是让听众举手或拍手回答，有点创意。例如，如果听众乐于参与，你可以使用Catchbox（一款新型可抛式麦克风，一方面用以激发听众踊跃参与活动，另一方面又能抛来抛去，不必担心摔坏），接到麦克风的人必须说出你的演讲主题最让他感到好奇的方面是什么。

除了演讲之后的问答环节之外，向听众提出与你的主题相关的问题也可以有效地保持他们的注意力。如果你在介绍新的概念，可以把一名听众作为现实的例子，或者让听众对你刚刚说过的话或做过的事做出反馈。如果在听众面前检验这个观点或应用这个观点，人们对它会更接受。你要坦率透明，如果观点没有奏效，要表现出你的灵活性。你要意识到让听众提问题意味着你必须对任何事都有所准备。预判听众会问什么问题，这会使你成为更强大的演讲者，自然地回答听众的问题，这能形成持久的可信度。

提问礼仪

- 你可以在演讲中间回答问题。
- 如果你不知道问题的答案，要承认自己的无知，询问是否有听众知道答案也是可以的，这会再次调动所有听众的注意力。如果没人知道，你要保证通过电子邮件或社交媒体跟进这个问题的答案。
- 提出问题后保持沉默，这会迫使有人自愿回答这个问题。
- 在回答问题时，顺嘴说一句"谢谢你提问"，而不要说"好问题"。你不希望自己听起来有讽刺意味或者高人一等。

我们建议把你演讲中经常被问到的问题记录下来，以便你准备答案。

现场演示

让听众现场演示产品能够达到多个目的：它把听众拉进你的演讲；它激发了兴趣，形成悬念；它展示了客户会如何使用你的产品或服务。一定要为演示做好准备，当演示完，听众坐回自己的座位后，他可以成为产品最重要的倡导者或最不利的批评者。

谈到现场的产品演示，没有公司能够比得上苹果公司。史蒂夫·乔布斯最初通过给朋友兼同事乔纳森·艾维（Jony Ive）打电话，展示了 iPhone 手机上的 FaceTime 功能。成功地演示技术产品会让观众觉得很神奇，但如果外部因素，比如不稳定的 Wi-Fi 或发生故障的设备妨碍了演示，那么演示反倒会损害你的可信度。排练，排练，再排练，始终要有备份计划。

社交媒体

给你的演讲创建一个标签，这是与听众建立联系的好方法，它还使你能够追踪参与情况。你可以看到有多少人使用了这个标签，人们如何分享它以及在说些什么。你可以通过分享独特的标签评估影响的范围、频率和公众舆论。

但是，标签也有可能伤害你。例如，高通公司（Qualcomm）决定在 2013 年国际消费电子展上做一场超级棒的演讲，演讲中会出现演员、音乐人和嘉宾。这个想法听起来很酷，但执行情况让现场和在线的观看者困惑不已，他们在推特上吐槽他们的困惑，取笑高通公司。

 罗斯·米勒
（ Ross Miller@ohrnorosco ）
我认为他们想在舞台上表现给高通的色情短信……依然严重误解了它。
7 Jan 13

 约舒亚·托普斯凯
（ Joshua Topolsky@joshuatopolsky ）
没人说高通公司像吸血鬼的进攻。
7 Jan 13

 戴维·皮尔斯
（ David Pierce@piercedavid ）
我的天啊，大鸟来了，但我不明白发生了什么。
7 Jan 13

重要启示：一定要保证你传递的东西不会让听众不适，而且要准备好面对他们的愤怒。

把你的演讲放到网上

把你的演讲贴到 SlideShare、Prezi 等网站上，也能引发听众互动。你的听众像其他用户一样，可以观看演讲、写评论，甚至在线实时收看演讲。运用科技接触并调动听众看起来疏远或缺乏人情味，但事实证明这是很有效的现代手段。

这些只是让听众参与你的演讲的几种方法。主题、听众的人口统计特征、听众数量、会场和时间将决定你能够让听众参与进来的方式或程度。在不确定的时候，可以咨询活动组织者，看他们认为什么方法比较适合。

肯尼的建议

要想更多地了解如何使用 SlideShare，访问 http://www.bigfishpresentations.com，获得免费电子书。

体验之后

当演讲结束，你走下舞台，你既会感到肾上腺素引起的兴奋，又会因为演讲结束了而感到大松一口气。你和人们握手，也许还建立了一些人际关系，但现在还不是休息的时候，此刻是保证演讲效果的关键阶段。听众领会了你的演讲内容，你成功地让他们参与到某种对话中，可除非你激发人们采取行动，否则这一切都毫无意义。

为此，你需要给听众留下些东西，无论是有形的物体还是采取行动的紧迫感，你需要让他们知道，无论在演讲之前还是演讲之后，你都很关心这个演讲主题，这使你和听众之间有了直接的联系。你和听众的关系越好，你就越有可能创造改变。你可以采用印有相关网址和联系方式的宣传单，可以在社交媒体上进行跟进，也可以用装着你的演讲的U盘，其中有更多附加资料的链接。无论你留下的东西是什么，一定要保证它和你的观点直接相关。

如果你是作家，在活动中演讲是推广你的书的好方法。我们的一位客户，《纽约时报》畅销书《营销与公关的新规则》（*New Rules of Marketing and PR*，我们把这本书推荐给雄心勃勃的或久经沙场的营销者）的作者戴维·斯科特（David Meerman Scott）几

肯尼的建议

每次演讲后我会做 3 件事，它们都会产生商业效果。（1）我让人们知道，如果他们喜欢我的演讲，可以如何联系到我。我向他们要名片，给他们发送有助于改善他们的演讲的资料。（2）我用标签分享我的推特用户名，这样听众可以发推特表达他们对我的演讲的想法。（3）我把我的幻灯片上传到诸如 SlideShare 等 网 站 上（slideshare.net/bigfishpresentations），把它存成 PDF 文件放到我的博客上（hookyouraudience.com）。如果我把我的演讲录下来，我会把录像上传到我们的优兔和其他社交媒体中。

年前在纽约州布法罗市的一个会议上做了演讲。斯科特的演讲很棒，不过他进一步扩展了演讲的影响，方法是在给每位与会者的袋子里放了一本他的书，这有助于听众记住他的演讲内容，并以实物形式进行反思。他们还可以与其他人分享，毕竟好书就是用来分享的。

在新奥尔良的《企业家杂志》（*Entrepreneur Magazine*）大会上，涂鸦艺术家埃里克·瓦尔谈到了勇敢地面对恐惧。在演讲期间，他送出了几幅在台上现场绘制的艺术作品，结果很多人在推特留言赞叹他的绘画作品多么杰出。这增加了他在社交媒体上的吸引力，增加了他的作品的价值。在演讲结束时，他宣布了一个被称为"掉落的艺术品"的寻宝活动。他说在每个他演讲过的城市，他会留下一些画作，画的是这座城市的标志。这促使听众在一段时间里查看他在社交媒体上的页面，寻找他会把画作放在什么地方的线索。当他透露受人

肯尼的建议

如果你有书分享，但没有办法运送它们，不要害怕。如果你有电子版图书，可以把它作为礼物送给参会者。这很完美，因为这需要听众提供他们的电子邮件地址。把他们的联系方式放到亚马逊的"送礼物"选项中，他们会收到电子兑换代码。如果你要推广你的书，一定要跟活动组织者事先说清楚。

们喜爱的新奥尔良圣徒队的四分卫德鲁·布里斯（Drew Brees）也是这些画作的主题之一时，人们为之疯狂了。

虽然并不是每个演讲中都可以加入复杂的寻宝活动，但前文探讨的其他例子应该能对你有所启发，启发你拓展演讲的影响力。

如何获得宝贵的反馈

演讲结束了。你的演讲内容强大，幻灯片很炫，演讲方式吸引人。你对各方面都感觉很好，听众似乎很享受，有些人甚至想在演讲结束后和你聊聊。在你为演讲付出了辛苦劳作后，是时候放松一下了，对吗？

不尽然。

在鼓掌、微笑和握手之后，你依然有事要做，因为这是演讲后反馈的时间。

如果你的演讲很完美，那会怎样？你为什么需要反馈？首先，任何演讲都不是完美的，只有在极罕见的情况下，批评的数量才会非常少，但你依然需要反馈，为什么？为了继续改进，你

需要听赞美，也需要听批评。

无论是对你幻灯片设计的赞美，还是对某个词发音的纠正，重要的是了解人们对你的演讲有什么看法。同事、其他演讲者、指导人或被挑选出来的听众对你的演讲的批评是很有价值的。

反馈是改进的关键，你需要通过提升听众的整体体验而成为更好的演讲者。你在寻找有建设性的批评意见，在下次演讲时你可以把它们纳入考虑。

试着收集尽可能详细的反馈，这样你可以立即着手解决问题。不要满足于简单的是或否的回答，让听众具体解释你的演讲为什么有效、有趣，或者为什么

没有效果、没有趣味。"你讲得很好"或"我不喜欢"这类评价对改进你的演讲技能毫无价值。你应该收集的是"你讲得很好，因为……"或"我不喜欢你……的那个部分"，反馈越具体越好。

以下是几个你可以向听众提出来的问题：

- 我是否把主要观点表达清楚了？有多清楚？
- 我是否闲聊得太多？在什么时候？
- 我的幻灯片是否令人困惑？哪几张幻灯片？
- 我有没有促使你们开始关心我的观点？以什么样的方式关心？
- 我的演讲怎么样？我怎么能更加自然一些？
- 我停顿得足够多吗，有没有说得太快，有笨拙的身体动作吗，或者是否有什么让你们感到不适？如果有，那是什么？
- 我可以改进的最重要的事情是什么？
- 我应该继续保持的是什么？为什么？

不要把反馈看成是针对你个人的。当人们告诉你他们不喜欢某个方面时，不要极力辩解或很抵触。相反，你应该把负面反馈看成是帮助你改进的工具。没有负面反馈，我们会一而再再而三地犯相同的错误。没有听众的坦诚，演讲永远得不到改善，用他们的批评来提升自己，一次解决一个批评。

获得反馈的另一个重要的部分是记录下来，以备以后使用。带一个记事本，分发评论表格，录音或录像，什么方便用什么，确保你有记录的手段。把所有评论记录下来，这会提醒你将反馈融合到你的工作中。在准备下一次演讲时，把这些评论重温几次。如果你有反馈的记录，令你感到惊讶的不仅是你能够学到多少，还有你能够记住多少。

最好在演讲刚结束时就收集并回顾反馈，这时演讲在你的头脑中还记忆犹新。如果你有手写的笔记，要尽早进行转录，在日后排练时，这有助于你记住需要做出哪些改变。

得到反馈之后，你应该专注于解决最常出现的问题，不要一次解决太多。一段时间后，这些努力会相辅相成，你的能力会显著提升。

虽然反馈非常有价值，但并不是所有的反馈都有帮助。你对每条建议都必须持保留态度，评估它们，看它们是否符合你对自己演讲的设想。建议是免费的，但听取了错误的建议就会付出代价。做感觉对的事，不去理会不适用的建议。把反馈吸收到你的演讲中需要时间和耐心，但你还需要判断这些反馈对改善演讲的效果如何。

发现并消除缺点，同时利用并发展你的优势，这对于演讲者来说非常重要。有时你会希望略过收集反馈的过程，但从长远来看，这些宝贵的信息对你非常有益。

结论

我们探讨了如何独特和脱颖而出，也探讨了如何克服怯场，在演讲之前和之后做什么，以及如何让听众参与进来。思考并谈论这些事是一回事，将这些观点付诸实践是另外一回事。

就为听众创造体验而言，你必须勤奋，有条不紊，以细节为导向。

回想当初你为什么要做演讲。无论是为了传播观点，筹集资金，还是为了让人们欢笑，每个演讲都是有目的的。在设计你的演讲体验时，找到并记住你的目的，这有助于你始终保持聚焦，最终还会达到更好的效果。其中涉及很多工作，从准备到跟进，但最终你是要用你的观点来激励一群人，向着创造改变迈出最重要的第一步。

挑战

演讲新手

- 给演讲起一个吸引人的，能在情感上引起听众共鸣的标题。
- 在下一次公开演讲之前，先联系一些听众，问他们想从你的演讲中学到什么。
- 把上一次演讲上传到优兔和SlideShare上，给自己造人气并收集反馈。

演讲专家

- 下次演讲时给听众分发有创意的纪念品（迪玛·加维给观众分发她在舞台上摔碎的玻璃花瓶的碎片）。

- 下次演讲时调动五感中的四感。

- 设法每 10 分钟加入一次听众互动，无论是科技产品的现场展示、各种活动，还是提问题。

结论：我们的行动号召

天下没有不散的筵席。

我们想提出一条最终的行动号召：始终为了更美好的世界而演讲。

杰出的传播能力是一种天赋，它应该被分享。努力推动积极的改变，我们希望我们分享的知识有助于实现这个目的。请发展这种天赋。

大鱼演讲公司希望你在提升演讲的道路上有好运，并且期待听到你如何运用这些方法改变世界的反馈。

祝你演讲愉快！

——大鱼演讲公司

附加资源

大鱼演讲法

- 吸引人的内容＋令人难忘的简单设计＋有影响力的演讲风格＝令人难忘的听众体验。

- 大鱼演讲10条戒律：

  1. 为公众演讲，而不是为你。

  2. 记住时间是不可再生资源，尊重它。

  3. 不要做你自己都不愿听完的演讲。

  4. 认识到演讲者比演讲更容易被人记住。

  5. 对自己的演讲主题有激情。

  6. 讲故事。

  7. 一步步讲到行动号召。

  8. 如果你觉得自己排练得很充分了，那么再排练。

  9. 只要有可能，就要把听众调动起来。

  10. 享受过程。

- 伟大的演讲者都是自信、乐观、有理解力、实事求是、有能力、真诚迷人的。

内容

- 演讲前查看5个W（谁、什么、什么地方、什么时候、为什么）和一个H（怎么办）。

- 通过调查研究形成一个可以让听众有所思、有所感，而不只是听听的总体理念。

- 演讲的目的是传播重要观点。

- 如果你不能用一句话解释你的演讲，你就做错了。

- 构想出 3 个要点和每个要点的支持性资料。

- 设计有创意的开场白：讲故事，提问题，背诵引述，分享统计数据或讲笑话。

- 吸引人的故事有 3 个要素：激发情感的故事背景和内容，反派（问题）和英雄（听众），悬念。

- 以有目的、有意义、能够激发情感的方式呈现数据，使数据能够引起听众的共鸣。

- 每次演讲都需要有能够创造切实改变的行动号召，方法是提出强有力的问题、要求或提供解决办法。

- 通过口头的和视觉的方式呈现你的演讲路线图，让听众对演讲有所准备。在演讲过程中你要始终遵循这个路线图。

- 使用不仅令人难忘，而且容易在交谈和社交媒体中分享的词汇和说法。

- 在演讲中增加内容很容易。真正的技巧在于去掉无关内容，留下简单有力的信息。

设计

- 设计的第一步是创建故事板。

- 评估、构想、改进你的理念，直到它们足够具体充实。

- 好幻灯片的要素是什么？简单、易于理解、易于记忆。

- 色彩具有心理上的意义，用它来激发情绪。

- 设计要有层次，其中包括色彩、对齐、大小、线条的粗细和间隔。

- 设计幻灯片时，应该使用尽量少的文字、有影响力的照片、容易读的字体，并且充分利用空白。

- 不惜一切代价地避免使用老套的照片，采用的照片应该能引起听众共鸣。

- 动画和视频有助于展示流程，进行对比和比较，还有助于逐渐实现大揭示。

- 超越冰冷、生硬的数据，通过

富有创意的图形、图表和信息图展示数据的意义。

- 印刷的讲义除了提供补充信息之外，还可以成为有效的营销工具。

- 印刷的讲义还可能导致听众分心，应该小心地安排分发讲义的时间。

- PPT 不是唯一的演示选择，尝试其他平台，而选择什么平台则取决于你的听众。

演讲

- 有 4 种演讲风格：老师型、东道主型、教练型、大明星型。你是哪一种？

- 了解演讲的时间限制，不要超过它。

- 好的身体语言指的是真诚的面部表情、热情的眼神交流、自然的手势和开放的姿态。

- 不要讲得太快，否则你会失去听众。不要讲得太慢，否则你会让听众昏昏欲睡。要使你的活力达到平衡状态。

- 放慢速度，呼吸，思考。听众

会感受到并感激这种做法。

- 如果你想说"嗯"或"你知道"，先停下来寻找合适的词。

- 反馈比你认为的重要。通过研究过去为未来做准备。

- 任何事情都可以是有趣的。卖烤牛排的吱吱声，而不卖牛排。

- 排练时聚焦于 3 件事：实时地练习，控制演讲的时间，获得反馈。

- 网络研讨会是与听众在线进行交流的好方法。

体验

- 怯场很正常。找到能够让你放松的仪式，由此有效地战胜怯场。

- 如果情况允许，不要害怕尝试不同的事物。

- 起一个吸引人的、令人难忘的标题，在线推广你的演讲。

- 使你的听众参与到活动、问答和技术演示中。

- 演讲之后，继续与听众保持有意义的联系。

- 不断收集反馈，将它们吸收到

你的下一次演讲中。

工具与灵感来源

内容

- Copyblogger：电子书和好文章（http://copyblogger.com）。
- Grammar Girl：简单快捷的语法小窍门（http://quickanddirtytips.com）。
- Hubspot：如何写出有吸引力的文案的电子书的汇编（http://library.hubspot.com）。

故事板 / 头脑风暴

- Fifty Three Paper：使你可以在 iPad 上草拟幻灯片的应用程序（https://www.fiftythree.com/paper）。
- Wordstorm：使你能够找到与演讲主题相关的词语的网站（http://www.lonij.net/wordstorm/wordstorm.php）。

设计

- Prezi：非线性、可缩放的演示设计工具（http://prezi.com）。
- SlideShare：可以分享热门幻灯片的社交媒体（http://slideshare.net）。
- Haiku Deck：能够帮助设计师和非设计师移动地制作幻灯片的在线编辑器（http://haikudeck.com）。
- Scrollmotion：移动的演示应用程序，非常适合培训、教育和销售演示（http://scrollmotion.com）。
- Bunkr：基于 html 的演示设计工具（http://bunkr.me）。
- Flowvella：一种互动性的在线演示工具，使你能够把内容组织成各个部分（http://flowboard.com）。
- Projeqt：由全球广告代理公司 TBWA 开发的演示设计工具，可以将社交网站上的现场互动整合到演示中（http://projeqt.com）。
- Spritesapp：互动性的信息图（https://spritesapp.com）。
- Canva：便于使用的在线照片编

辑器（https://www.canva.com）。

- HowDesign：照片、字体和其他创作媒介的设计资源集合（http://howdesign.com/resources-education）。

- Behance：展示网络上一些最富创意的作品（http://behance.com）。

- Design Hunt：热门设计工具和技巧的精选（http://www.talkabout design.com）。

- Type Genius：就像这个网站的名称所显示的，在这个网站上，你可以"为下一个项目找到完美的字体"（http://www.typegenius.com）。

- SlideRocket：在团队制作幻灯片时，使你能更好地获得反馈的工具（http://www.sliderocket.com）。

- Sway：微软的在线演示 / 网站编辑器，可以轻松地嵌入互动性媒体中（http://www.sway.com）。

- Deckset：时间紧急的演讲者可以在幻灯片中采用的即时内容（http://www.decksetapp.com）。

- Note and Point：一些设计得非常好的 PPT 演示和 Keynote 演示的集合（http://www.noteandpoint.com）。

- Piktochart：信息图（http://piktochart.com）。

- Visual.ly：幻灯片、信息图、动图和视频的集市（http://visual.ly）。

- Fonts in Use：可以免费使用各种有设计感的字体（http://fontsinuse.com）。

- Font Squirrel：可以免费使用各种有设计感的字体（http://fontsquirrel.com）。

- Lost Type：可以购买各种有设计感的字体（http://losttype.com）。

- Urbanfont：可以免费使用各种有设计感的字体（http://urbanfont.com）。

- Public Domain Archive：免费的照片库（http://publicdomainarchive.com）。

- iStock：免版税的照片库（http://istock.com）。

- Shutterstock：免版税的照片库

（http://shutterstock.com）。

- Airstoc：航空摄影图库（https://www.airstoc.com）。
- Offset：比较昂贵的高品质照片和插图库（http://offset.com）。
- Facebox：价格实惠的人脸图库（http://facebox.io）。
- Placeit：在这个网站上，你可以很方便地给截屏加上框（http://placeit.net）。
- Awwwards：最好的网站数字设计的集合（http://awwwards.com）。

演讲 / 体验

- TED：TED 演讲（http://ted.com）。
- 99u：令人鼓舞的演讲视频（http://99u.com/videos）。
- NPR 毕业演讲：最佳毕业演讲的集合（http://apps.npr.org/commencement）。

其他

- Kivo：可以让其他人对你的 PPT 幻灯片提出反馈的注释工具（https://www.kivo.com）。

- Tweetwall：这个平台使你能在演讲中展示你的标签，可以在现场使用（http://tweetwall.com）。
- Slidedog：你可以利用这种工具创建无缝的幻灯片播放列表，非常适合会议使用（http://slidedog.com）。
- Producthunt：最新软件、技术和一些很酷的东西的精选集合，通过这个网站可以了解新的演示软件和工具（http://www.producthunt.com）。
- Catchbox：一款新型可抛式麦克风，能够激发活动中的讨论（http://us.getcatchbox.com）。

相关书籍

关于内容和演讲

- 《让创意更有黏性》（*Made to Stick*），作者：奇普·希斯（Chip Heath）、丹·希斯（Dan Heath）。
- 《口才制胜》（*Presenting to Win*），作者：杰瑞·魏斯曼（Jerry

Weissman）。

- 《共鸣》（*Resonate*），作者：南希·杜瓦特（Nancy Duarte）。

- 《具有说服力的演讲》（*HBR Guide to Persuasive Presentations*），作者：南希·杜瓦特。

- 《TED 演讲的秘密：18 分钟改变世界》（*How to Deliver a TED Talk*），作者：杰瑞米·多诺万（Jeremey Donovan）。

- 《一位演讲家的自白》（*Confessions of a Public Speaker*），作者：斯科特·博克顿（Scott Berkun）。

- 《一切都能推销出去》（*Pitch Anything*），作者：奥伦·克莱夫（Oren Klaff）。

- 《史蒂夫·乔布斯的演讲秘诀》（*Presentation Secrets of Steve Jobs*），作者：卡迈恩·加洛（Carmine Gallo）。

- 《像 TED 那样演讲》（*Talk Like TED*），作者：卡迈恩·加洛。

关于设计

- 《演说之禅》（*Presentation Zen*），作者：加尔·雷纳德（Garr Reynolds）。

- 《演说之禅设计篇》（*Presentation Zen Design*），作者：加尔·雷纳德。

- 《视觉沟通》（*Slide:ology*），作者：南希·杜瓦特。

- 《可视化信息图》（*Infographics*），作者：Column Five 公司。

- 《字的设计有道理》（*Thinking with Type*），作者：艾琳·路佩登（Ellen Lupton）。

- 《餐巾纸背面》（*The Back of a Napkin*），作者：丹·罗姆（Dan Roam）。

- 《平面设计》（*Graphic Design*），作者：艾琳·路佩登。

致谢

在致谢这方面我真的不太擅长，毕竟，不可能每天都有你梦想的出版公司找你写书，也不可能每天都有机会和世界上最优秀的团队合作。

我想感谢一些不仅在写作这本书上给予了我们指导，而且对大鱼演讲公司的成功也有所帮助的人（对创建大鱼演讲公司提供过帮助的有数百人，我不可能在这本书中对每个人都一一点名致谢，因为那会使更多"树木"遭殃，读者也会不耐烦，但我保证会亲自对他们表示感谢）。

感谢大鱼演讲公司的团队：你们是我的英雄，因为你们，每天上班都是有价值的。没有你们，就没有大鱼，我迫不及待地想要看到我们的未来。和你们在一起时，甚至深夜加班和周末工作看起来也不那么糟糕了。我期

待一直和你们一起工作。

感谢麦格劳－希尔出版社的团队：感谢你们信任我们。当凯西·埃布罗（Casey Ebro）来邀请我们写这本我们一直想写的书时，我们感觉像是在做梦。为了它我们拼了，感谢你们让我们做回自己。在大鱼造访纽约期间，我和团队站在麦格劳－希尔出版社的办公室前，我对他们说，有朝一日我会为你们写本书。当时我只是大发宏愿，没想到两周后我们就收到了你们的电子邮件，邀请我们"抓住稍纵即逝的灵感"并与世人分享。感谢你们提供了这个机会，希望你们对我们的作品满意。

感谢提供宝贵意见的团队：贾内·布儒瓦（Janae Bourgeois）、萨拉·拜德里克（Sarah Bedrick）、迪玛·加维

（Dima Ghawi）和比格·格斯（Big Gus）让我们坚定了信念，并且为我们提供了有建设性的批评意见，使这本书达到了更高的层次。

感谢我们所有的客户：感谢你们信任我们。我们知道每次展示都会有很多不确定因素，感谢你们把未来的成功托付给我们。我们从来不认为这是理所当然的，也非常珍视与你们的关系，期待我们做得更好。我们始终在努力改进，希望帮助你们实现有效的传播，达到前所未有的效果。

感谢我的父亲凯文·阮（Kevin Nguyen）：感谢你鼓励我追求自己的梦想，走不一样的道路。没有这些鼓励，我永远不会开始写这本书。是你督促我超越自己的极限，始终挑战自我。对于你为家庭做出的牺牲，我只有感激，我希望这本书能够象征着你为养育我所付出的所有辛苦。

感谢商业伙伴和格斯的父亲格斯·穆里洛（Gus Murillo）：

感谢你提供指导并做了我们最早的客户。你使大鱼演讲公司有了第一笔生意，它具有改变公司命运的性质。你帮助我们形成想法，而这些想法引出了今天这本书。作为我的良师益友，你持续不断的支持不可或缺，我非常珍视我们的关系。我希望我们继续一起工作，一起成长。

感谢我最好的朋友兼最好的合作伙伴格斯·穆里洛：我们在实现梦想，伙计！我无法想象和你以外的任何人开创一家公司。你一直就像是我的兄弟，我们非常幸运，属于少数可以和好朋友一起创办公司的人。我们的友情和合作关系是我一生中最珍视的东西之一，我期待和你一起继续发展这家公司。

感谢读者：你不知道这对大鱼演讲公司的团队和我意味着什么。你正在读的这本书是我们5年来帮助全球客户提供受众体验的工作的结晶。感谢你帮助我们走到了今天，我们希望能帮助你做出最棒的演讲，也是你想都不敢想的演讲。请告诉我们这本书对你有什么影响，无论好影响还是坏影响，我们都会倾听你的反馈，不断努力改进。我们的电子邮件地址是 hq@bigfishpresentations.com，我们保证会回复你。

怎么感谢那些为我们的成功做出过贡献的人都是不够的，我们希望这本书能帮助你实现梦想。

从这里开始呈现非凡的体验吧。

肯尼·阮

大鱼演讲公司首席执行官兼联合创始人

作者介绍

肯尼·阮，大鱼演讲公司的创始人兼首席执行官，这家公司的座右铭是"把演讲变成体验"。肯尼和他的团队每天为全美国的客户服务，提供高品质的演讲设计、演讲培训和富有创意的视频产品，这些客户有初创公司，也有财富 100 强公司。他被大学创业家组织（Collegiate Entrepreneurs Organization）评为 2012 年首席执行官学生创业家。在他的领导下，大鱼演讲公司被凯洛社团（Kairos Society）评为学生领导的世界顶尖的 50 家创业公司之一，被《有限公司杂志》（Inc. Magazine）评为"2012 年最酷的大学生创业公司"之一。肯尼登上了一些很受欢迎的新闻媒体，比如《福布斯》《企业家》杂志、雅虎、《商业内幕》（Business Insider）、Mashable 网站、《赫芬顿邮报》（Huffington Post）和《华盛顿邮报》（Washington Post）。他曾在 TEDxLSU 和 HubSpot Inbound 上做演讲，在联合大会（General Assembly）的演讲工作坊授课。肯尼是 99u 巴吞鲁日分部的管理人，他是美国专业设计协会（AIGA）新奥尔良分会的会员，是在线烹饪频道"You've Got Meal"的主持人。肯尼热心于帮助他的故乡巴吞鲁日市成为南方创意人才的中心。他还梦想拥有一只威尔士矮脚狗。

格斯·穆里洛，大鱼演讲公司的联合创始人、总裁兼首席运营官。自从他和肯尼一起听了"他们所听过的最糟糕的演讲"后，他们便致力于消除这样的体验。他在大鱼演讲公司负责制作和指导商业视频。他毕业于路易斯安那州立大学（Louisiana State University），获得了生物科学学位。在毕业之前，因为他的创新性创业公司，他被评为凯洛 50 成员（Kairos50 member）并在纽约证券交易所领奖。

罗伯特·基利恩，大鱼演讲公司首席文案兼创意总监。他曾一直在写短篇故事、永远也不会与世人见面的电视剧剧本、私密的日记和供大众浏览的博客，而这是他的第一本书。他毕业于路易斯安那州立大学，获得了大众传播学位，在巴吞鲁日的美国广告协会（American Advertising Federation）担任学生社区延伸服务委员会（Student Outreach Committee）主席和99u巴吞鲁日分部的营销协调员。

卢克·琼斯，大鱼演讲公司的第一位文案。现在他是德维尼传播公司（DEVENEY Communication）的文案助理。他是天生的创业者，年轻时曾开过一家 T 恤衫公司，办过一份社区报纸。他还在制作工作室、设计公司、广告公司工作过。卢克毕业于路易斯安那州立大学，获得了大众传播学位。他非常喜欢文字、电影、冰激凌汽水和他的迷你雪纳瑞狗阿尔布斯，只过喜欢的先后顺序不一定是这样的。